Martina Meuth

Bernd Neuner-Duttenhofer

Toskana

Küche, Land und Leut[illegible]

Martina Meuth und Bernd Neuner-Duttenhofer leben als freie Journalisten und Autoren auf ihrem Gut am Nordrand des Schwarzwalds. Sie schreiben neben den Büchern der Reihe KULINARISCHE LANDSCHAFTEN regelmäßig für verschiedene Zeitschriften, z.B. im »Stern« und »Meine Familie & ich«, und sie sind verantwortlich für den ARD-Ratgeber »Essen und Trinken«.

Martina Meuth
Bernd Neuner-Duttenhofer

TOSKANA

Küche, Land und Leute

Photos von Martina Meuth
und Ulrich Kerth

Droemer Knaur

Droemersche Verlagsanstalt Th. Knaur Nachf., München
Neu zusammengestellte und gekürzte Taschenbuchausgabe April 1993
Diese Taschenbuchausgabe basiert auf dem Buch »Toskana. Küche, Land und Leute«.

Umschlaggestaltung: Graupner & Partner, München
Umschlagfoto: Atelier Höpfner-Thoma, München
Layout: von Delbrück, München
Gestaltung und Herstellung: Buchherstellung Bad Cannstatt
Satz: Ventura Publisher, Buchherstellung Bad Cannstatt
Reproduktionen: Meyle + Müller, Pforzheim
Kartographie: Rolf Günther, Gerlingen
Kartenausschnitt: Mairs Geographischer Verlag
Druck: INTERDRUCK Leipzig GmbH

Printed in Germany 5 4 3 2
ISBN 3-426-89000-3

Inhalt

Vorwort

SANFT SCHWINGENDE Hügel, ein weiches Licht, ein einsames, erdfarbenes Bauernhaus in ebenmäßig schlichten Proportionen, ein paar silbrige Olivenbäume und schwarze, hoch aufragende Zypressen – wie schnell ist das Bild der Toskana fertig! Oder, um Florenz, um Pisa, um Siena auferstehen zu lassen: Es genügen die Domkuppel von Brunelleschi, der Schiefe Turm, die Piazza del Campo mit dem Palazzo Pubblico. Allein der Klang – Lucca, San Gimignano, Viareggio, Volterra, Chianti ... Wenn auch jedesmal ganz andere Vorstellungen geweckt werden, scheinen sie alle paradiesisch zu sein: Ein jeder seufzt fernsüchtig auf – wer liebte die Toskana nicht!

Die Toskana dieses Buches ist so vielschichtig wie das Land. Die Hauptrolle haben wir dem Thema Essen und Trinken eingeräumt, weil wir finden, daß Kultur sich auch durch Küche definiert. Die Küche einer Region hat ihren Charakter durch die Menschen erfahren, die dort leben; und diese wiederum sind zugleich von den landschaftlichen Bedingungen, dem Klima und dem Boden, von der Geschichte geprägt. Ob die Küche bäuerlich-einfach ist oder städtisch-vielschichtig, ob es die alltägliche Mahlzeit auf dem Bauernhof oder die große Tafel im Adelspalais ist, sie richtet sich stets nach den Jahreszeiten, ihren Festen und ihrem Angebot. Küchenkunst ist also von der Region, in der sie sich durch Jahrtausende hindurch entwickelt hat, nicht trennbar. Und so liegt es nahe, daß man das Gesamtbild betrachtet, wenn das Detail interessiert.

Wir sind in der Toskana immer wieder herumgereist, haben berühmte Restaurants besucht und einfache Gasthäuser betreten. Haben Freunde gefragt und an Türen wildfremder Leute geklopft, um zu wissen, was sie wann essen und wie sie es zubereiten. Haben Städte und Dörfer erlaufen, waren auf Bauernhöfen und auf Weingütern, im Bergland und an der Küste. In der flimmernden Gluthitze des Hochsommers und in der ungeahnt bitteren Kälte eines eisigen Winters. Wir haben uns am Kamin einer gastfreundlichen Baronessa gewärmt, aber erst nach stundenlangen Bemühungen Zugang zum Käselager einer Bäuerin bekommen. Wir haben gegessen, getrunken und wieder gegessen, standen neben den besten Köchinnen der Welt und schauten, was sie wann und wie in die Töpfe taten. Wir haben probiert, protokolliert, wieder gekostet, noch mal getrunken. Wir sind für ein schönes Photo rechtzeitig zum Sonnenaufgang aufgestanden und haben bis in die Dunkelheit der Nacht auf einen roten Strahl am wolkenverhangenen Himmel gewartet. Wir haben einmal die harte Sonne verflucht und das andere Mal die nicht enden wollenden Regengüsse des späten Frühlings.

Entstanden ist dabei ein sehr persönliches Buch, das keinerlei Anspruch auf Vollständigkeit erhebt. Wir waren nicht überall, konnten nicht alles mitnehmen. So wird mancher sein favorisiertes Gasthaus oder Restaurant nicht finden. Und ganz bewußt haben wir auf die toskanischen Inseln – Elba, Giglio und die kleineren – verzichtet, denn immer folgen Inselküchen eigenen Gesetzen. Es fehlen weiterhin die so begehrten »Geheimtips«, meist so gar nicht lohnend (wie wir feststellen mußten) und stets von viel zu vielen gekannt. Kein Wort selbstverständlich von den Tempeln internationaler Küchenpraxis: den berühmten, manchmal guten, öfters mittelmäßig-routinierten Stadt- und Hotelrestaurants. Ob elegant mit moderner Kochkunst, ob rustikal nach überlieferten Rezepten: wir haben toskanische Wahrheit in Töpfen und auf Tellern gesucht und, wie wir meinen, auch gefunden.

Wir wollten nur zeigen, wie Küche aus der Landschaft wächst, vom Charakter, der Lebensweise und den Eigenschaften der Bevölkerung geprägt wird. Eine Küche, die sich den Jahreszeiten anpaßt – also mit den frischen Produkten des Marktes arbeitet, aber auch den Anforderungen einer diätetisch richtigen Ernährung bei Hitze oder Kälte gerecht wird. Eine in Jahrtausenden gewachsene Küche, die auf etruskischen, griechischen, römischen, germanischen, sarazenischen Einflüssen beruht und nur hier entstehen konnte. Eine Küche, die so schlicht und gradlinig ist, daß sie auf alle modischen Sperenzien verzichten kann und doch immer wieder von neuem begeistert. Eine Küche, die als Ahnin der abendländischen Kochkunst angesehen wird. Wir wollten die Zusammenhänge aufspüren und verständlich machen, wie es kommt, daß die Küche zu ihrer Landschaft gehört.

Gibt es diese »toskanische« Küche? Kann man die Gerichte des Bergbauern im Apennin mit jenen der Fischer an der etruskischen Küste in einen Topf werfen? Hat das Essen des Schusters in einer Kleinstadt der Maremma etwas zu tun mit der Mahlzeit eines Großgrundbesitzers im Gebiet des Chianti Classico? Ißt man in der fruchtbaren Versilia nicht ganz anders als in den kargen Crete des Südens? Natürlich gibt es überall Spezialitäten, bieten jede Gegend, jeder Ort, jede Köchin kleine Abwandlungen allseits bekannter, überall gekochter Gerichte. Aber trotzdem haben die Zubereitungen immer eine gemeinsame Basis: Schlichtheit!

Nicht die Lust an Sensationen, an ungeahnten Geschmacksbildern bringt Genuß, sondern die bewährte, von der Geschichte, dem Land und seinen Produkten geprägte, in Jahrhunderten gewachsene Zubereitungsart. Das salzlose Brot, das aromatische Olivenöl, die würzigen Kräuter, der Wein bestimmen Charakter und Eigenart. Die Toskanerin weiß immer genau, wie sie dieses Fleisch zubereitet, jenes Geflügel würzt, dieses Gemüse gart oder jenen Teig knetet. Dieses scheinbar instinktive Wissen der Toskaner um die Echtheit oder Wahrheit einer Sache verblüfft immer wieder. Und da spielt dann auch die soziale Stellung keine Rolle: Die toskanische Küche ist so geprägt vom Bauerntum, daß es kaum einen Unterschied gibt zwischen der Tafel des reichen Städters und dem Essen des armen Landmanns. Tatsächlich hat fast jeder Toskaner Verbindung zum Land – Stadt und Umland bilden einen fließenden Übergang (Florenz), oder die Stadt macht den Eindruck, Teil der Landschaft zu sein (Siena). Und noch eine banale Wahrheit: Die Reichen verbringen den Sommer auf ihren Gütern, die Armen kommen von dort, haben alle Verwandte auf dem Land. Das schafft ein immer noch – trotz aller modernen Landschaftszerstörung durch Industrie und wildes Bauen – intaktes Gefühl für die Natur. Keine wilde, sondern die vom Menschen beherrschte, kultivierte Landschaft. Und so, wie der Bauer die Zypresse scheinbar willkürlich neben sein Haus pflanzt, sie dann ein unabänderliches Ebenmaß der Proportion herstellt, gleichzeitig aber den ersehnten Schatten spendet oder vor rauhen Winden schützt, so »richtig« komponiert die toskanische Köchin ihr Gericht, die ganze Mahlzeit. Es liegt hier das gleiche Selbstbewußtsein zugrunde, das die Toskaner niemals an ihrer Überlegenheit über andere Völker zweifeln läßt.

Mit Recht vielleicht: Die Toskaner haben es in jahrhundertelangen Bemühungen geschafft, Genuß und Wissen in Einklang zu bringen! Wie die Künstler der Frührenaissance sich um die Darstellung des wahren Lebens bemühten, suchten die Köchinnen die wahre Küche. Denn in der Toskana gehört das Reich der Küche der Frau – nicht nur zu Hause, sondern in (fast) allen Restaurants kochen nur Frauen. Wo Männer am Herd stehen, bekommt die Küche leicht einen internationalen Touch, verliert sie an Authentizität. Und sie wird kompliziert – aber es ist ja gerade die zweckmäßige Schlichtheit der Zubereitungsarten, die die toskanische Küche so attraktiv macht: Weil die Arbeitskraft auch der Frauen auf dem Lande dringend benötigt wurde, mußte die Zubereitung schnell gehen, das Gericht mußte ohne Aufsicht im Kamin oder auf dem Herd vor sich hinschmoren können. Es entstand eine Küche, die von denselben Prinzipien geprägt ist wie die Kunst: Wie die Regeln der Perspektive für den Kunstkritiker und Architekten Vasari der Maßstab zur Beurteilung der künstlerischen Qualität eines Bildes wurden, kann die Köchin schon an den Aromen des Gerichtes erkennen, ob es korrekt zubereitet wurde. Wie das Maß des Menschen zum absoluten Maßstab für alles erhoben wurde, was der Mensch schafft, wie die rationale Erklärung der Phänomene, das Wissen um die Dinge, das Lebensgefühl des Menschen steigert: So machen das Wissen um Herkunft und Qualität der Zutaten, die Kenntnis der Kochprozesse und die für die Gesundheit richtigen Zusammenstellungen, das Gespür für den zu den Speisen passenden Wein, erst das wahre Vergnügen am Essen aus.

Und genau das ist toskanische Kultur: der Sinn für die Schönheit, das Vergnügen an der Kunst, die Freude am Essen und Trinken – nicht erlebt in gefühlvollem Überschwang, sondern wissend, bewußt. Nur so entsteht Genuß! Diesen Genuß in all seiner Fülle zu vermitteln, will unser Buch versuchen.

Das Buch konnte nur entstehen mit den Menschen der Toskana. Wir haben allen zu danken, die uns geholfen haben, die uns photographieren ließen, unsere Arbeit mit Verständnis und immenser Geduld förderten, auf unsere Wünsche eingingen, und die ihre Zeit, ihre Fähigkeiten und ihre Häuser zur Verfügung stellten. Ganz besonderer Dank gilt Minuccio Cappelli in Panzano-Montagliari, der uns zum Freund und dessen Haus unser Heim wurde. Alle haben an dem Buch mitgewirkt, das wir nun unseres nennen. Es ist der Toskana gewidmet.

Diese Taschenbuchausgabe ist eine um die Rezepte gekürzte, vollständig neu überarbeitete Fassung unseres großen Bildbandes, der mit gleichem Titel 1987 bei Droemer Knaur erschienen ist. Einige Restaurants, die nicht mehr so existieren wie damals, haben wir ausgetauscht, dafür neue Adressen eingefügt. Denn seither hat sich in der Toskana viel getan. Die Zahl der Reisenden ist unglaublich gestiegen. Eine Menge neuer Restaurants und Trattorien haben eröffnet, manches ist schöner, interessanter geworden – vor allem in der Weinszene! So haben wir dieses Buch mit weiteren Adressen unserer neuen Lieblingsrestaurants und zusätzlicher Weingüter im Anhang ergänzt, so daß hiermit auch eine Art kulinarischer Reiseführer entstanden ist. Natürlich hat sich manches leider verloren, wie das so ist, wenn ein Kleinod auf einmal viele Liebhaber findet. Aber dennoch ist die Toskana unser Arkadien, die hinreißende, geliebte Landschaft, die sie immer bleiben wird ...

FÄHRT MAN von Siena aus in Richtung Süden (nach Montalcino) oder Südosten (nach Chiusi), so kommt man in die »Crete«, das Land der schweren Lehmböden. Sanft gewellte Hügel, mit grasigem Winterweizen wie von grünem Samt überzogen. Dazwischen dramatisch gelb die leuchtenden Felder mit blühendem Raps. Einzelne Höfe in schlichter Anmut, zypressengesäumte Straßen. Hineingesät rauhe Flecken, versteppt, kurzgehalten durch Schafe. Von jeder Hügelkuppe ein neuer Ausblick: in sich ruhende Landschaft von atemberaubender Schönheit.

Nur wenige Minuten weiter: Schroffe Schluchten fressen sich in die Felder! Ausgewaschen vom Regen. Der von Bauernhand durch jahrhundertelanges Pflügen geglättete Lehmboden zeigt seine brutale Struktur. Doch natürlich ist auch hierfür der Mensch verantwortlich: Etrusker und Römer begannen mit dem Abholzen der Wälder, die den Boden festhielten. Nur noch in wenigen unzugänglichen Tälern und auf kargen Hügeln konnte sich in dieser Region Wald erhalten.

Trügerisch auch das Bild des einfachen Ackerlandes: Der Weizenanbau bringt den kleinen Bauern nicht genug zum Überleben. Viele mußten ihr Land verlassen, nur Großgrundbesitzer, die sich immer weiter ausbreiteten, hatten in den letzten Jahren eine wirkliche Chance. Manche Kleinbauern pachteten dazu, bauen Raps oder Sonnenblumen zur Ölgewinnung an. Sie können sich gerade noch halten. Die bescheidenen, für Vieh und Mensch gebauten Höfe stehen leer und verkommen – oder wurden von Ausländern, darunter vielen Deutschen, gekauft und dienen ein oder zwei Monate im Jahr als bewußt bescheidene, romantisch empfundene Unterkunft.

Inmitten dieser Landschaft liegt auf einem Hügel über dem Val d'Orcia Monticchiello: Verschlafen in der langsam wärmenden Sonne, steinerner Traum eines ländlichen Mittelalters. Man hat das Gefühl, anklopfen zu müssen, um eintreten zu dürfen ... Und man erlebt lebendige Geschichte. Nicht nur in der Architektur, den schlichten, zum Wohlfühlen proportionierten Häusern mit ihrem ein-

MONTICCHIELLO: GELEBTE GESCHICHTE UND EINFACHE BAUERNKÜCHE

fachen Schmuck. Leben heißt hier auch: Das ganze Dorf spielt Theater. Keine gestellte Historie, sondern Bewältigung alltäglicher, das Dorf berührender Themen. 1967 begannen der Geometer und Maler Andrea Chresti, der Postbeamte Arturo Vignai und der Lehrer Aldo Nisi mit den etwa 400 Bewohnern des Dorfes ein demokratisches Theater zu machen – in gemeinsamer Diskussion wird ein Stoff gefunden, von Chresti zu einem Schauspiel verarbeitet, in Diskussionen verändert, in Proben ergänzt. Im Sommer aufgeführt, im Herbst im Fernsehen gesendet. Die Themen stammen aus der Dorfgeschichte, gehen das Dorf (seit 1243 freie Gemeinde!) unmittelbar an.
So beschäftigen sich die Stücke etwa mit dem Widerstand gegen die Faschisten, der Entvölkerung des Landes, den christlichen Kommunisten des nahen Monte Amiata, dem Einfluß des Fernsehens. Das Spiel auf der Piazza mischt Geschichte und Gegenwart, Realität und Imagination, stellt traditionelle Lebensauffassungen den Forderungen der heutigen Zeit gegenüber. Alles in erstaunlicher Professionalität, einfallsreich und von hoher schauspielerischer Qualität, auch für Fremde ein Vergnügen.
Monticchiello liegt abseits der großen Straßen, vom nahen Pienza nur über einen Schotterweg oder, allerdings ist das viel weiter, ein asphaltiertes Sträßchen zu erreichen, von Montepulciano oder Chianciano her über eine sich in Serpentinen den gegenüberliegenden Hang herabwindende Landstraße. Die Fahrt von dort her lohnt sich wegen vieler schöner, teilweise spektakulärer Ausblicke. Aber auch wegen des Gasthauses von Monticchiello, der »Taverna di Moranda«! Hier gibt es die ländlichste Küche, die man sich vorstellen kann – natürlich ausschließlich aus Produkten der Umgebung: Kaninchen, Hühner, Tauben, Spanferkel, Schweinebraten. Spezialität sind die Pici, eine früher handgerollte, heute aus der Maschine gepreßte, dickere Variante von Spaghetti. Zwei Frauen arbeiten in der Küche: Die Schwägerinnen Carla Vento und Marisa Lucchetti haben das Kochen bei ihren Müttern gelernt, kochen gradlinige toskanische Bauernkost – ohne die über-

flüssigen Schnörkel der Städter, intensiv und ganz nah am Produkt. Kräuter werden reichlich verwendet: der kräftige Rosmarin zu allem Fleisch, ebenso Lorbeerblätter und Salbei; vor allem Nepitella, eine sehr würzhafte, gleichzeitig an Oregano und Minze erinnernde Pflanze, die an allen Weg-, Straßen- und Waldrändern wächst und deren Aroma hier geradezu notwendig zu Steinpilzen gehört.
Der schlichte, in seiner Kargheit schöne Gastraum verstärkt das Vergnügen an dieser ländlichen Küche: unverputzte Mauern, die althergebrachten, schlichten Holzstühle mit den aus Schilf geflochtenen Sitzflächen, leinene Tischdecken. Kaum sitzt man, steht neben dem Wasser eine Flasche Hauswein auf dem Tisch – ein sauberer und bekömmlicher Rosso di Montepulciano zu einem so vernünftigen Preis, daß man sich nicht überlegt, ob man sich noch eine zweite oder dritte Flasche gönnen kann.
Die Kaninchen sind jung und zart – viele der Bäuerinnen dieses Landstriches verdienen sich ein kleines Taschengeld mit ihrer Aufzucht. Auch Hühner und Tauben halten sich die meisten Landfrauen ein paar mehr, als sie für die eigene Familie brauchen. Weil sie arm sind, können sie kein international übliches Kraft- oder Mastfutter kaufen, sondern ziehen die Hühner mit eigenem Mais oder Weizen, die Kaninchen mit selbstgeschnittenem Gras und Grünabfällen aus der Küche, die Schweine mit Kartoffeln und Eicheln auf. Das macht unendlich viel Arbeit, aber es schmeckt intensiver und köstlicher als anderswo. Wie irrsinnig, daß heute nur noch Armut wirklich gute Produkte hervorbringt!

Was einst im so autofreundlichen Italien völlig undenkbar war, ist heute dringlichste Not: Die Einfahrt von Autos ist in viele Städte verboten, nur den Einwohnern erlaubt. Man muß vielleicht etwas mehr laufen, aber die Ruhe kommt den Orten selbst wie ihren Besuchern zugute! So auch dem niedlichen, winzigen Monticchiello, das ohnehin keine andere Zufahrt hat als dieses eine Tor. Immerhin ist ein kleiner Parkplatz davor, der in der Hauptsaison nur leider immer voll ist. In den Mauern wachsen Kapern, und auf ihren Zinnen ruhen schläfrig Katzen, die höchstens einmal einen vorbeistreunenden Hund anfauchen...

Eine karge, dabei aber niemals ärmlich wirkende Schlichtheit prägt Monticchiello und seine »Taverna di Moranda«: Alles paßt zusammen, nie wirkt etwas aufgesetzt. Die Straßen sind hier sauber, es herrscht peinliche Sauberkeit und wohltuende Ordnung. Die meisten Häuser gehören noch den ursprünglichen Einwohnern, die entweder ganz hier leben oder, weil es hier zuwenig Arbeit gibt, in einer der geschäftigen Städte arbeiten. Und alle sind sie schön, aufwendig und mit einer fabelhaften Stilsicherheit renoviert.

In den gemütlichen, charaktervollen Gasträumen der »Taverna di Moranda« herrscht eine aus wahrhafter Tradition erwachsene Harmonie zwischen Formen, Farben und Materialien – und natürlich stimmt die Küche perfekt. Es gibt als Antipasti köstliche Würste, Leber-Crostini, Coppa (luftgetrockneter Schweinehals) und Schinken; zu den Nudeln, den Pici, je nach Jahreszeit anders gewürzte Saucen aus verschiedenen Fleischarten (Hase, Rind, Wildschwein, Ente) mit Tomaten und anderem aromatischem Gemüse, Nüssen, Käse und den intensiven Kräutern der Umgebung.

DUNKEL UND dräuend steht der 1758 Meter hohe ehemalige Vulkan inmitten der südlichen Toskana. Allgegenwärtig beherrscht die gewaltige Kuppel mit sanft herabfallenden Linien die weiten Täler und Hügel der Maremma, des »Landes am Meer«, das einst von den Etruskern bevölkert und kultiviert wurde. Während unten die Rapsfelder blühen, erreicht man auf der in weiten Serpentinen hochsteigenden Straße winterliche Gefilde: Das satte Grün des vollen Kastanienlaubes weicht dem dünnen und hellen der Buchen, aus dem fast sommerlichen kommt man in einen kühlen, eben beginnenden Frühling. Gewaltige, urtümliche Basaltbrocken liegen zwischen immer dichter stehenden, vom Wind in eine Richtung getriebenen Buchen und Tannen ...
Schließlich wird es Vorfrühling, fast Winter: ein kalter Urwald, flechtenrauh und windgepeitscht, unberührt und abweisend. Graue Schneereste können den Müll der Wintersportler nicht mehr überdecken; unter dem Gipfel hüttenartige Chalets, die schmale Bergstraße weitet sich in riesige Parkplätze. Zum Gipfel eine Skipiste, ein Lift – oben Antennen, Sendemasten. Nebelschwaden durchstreifen das tote Geäst, Wolken umlagern die Bergflanken; keine Menschenseele mag hier oben um diese Jahreszeit frieren, während unten die Wärme einkehrt. Klare Sicht durch die wenigen Baumlücken ist ohnehin nur im Herbst und Winter zu erwarten – im Frühjahr verschwimmt die Landschaft im grauen Dunst.
Die Städtchen an den Hängen und am Fuße des Berges verschlossen, finster und streng. So gar nichts Pittoreskes mehr. Bitter die Not. Wettergegerbte Alte, ein paar Kinder – keine erwerbsfähigen Erwachsenen: Sie sind in die Städte, in die Industriegebiete abgewandert. Früher wurden hier nur Zinnober (Rohstoff für Quecksilber) und Antimon gewonnen, heute gibt es auch etwas holzverarbeitende Industrie. Und ein mit heißen vulkanischen Quellen betriebenes Kraftwerk, dessen hoch aufsteigende weiße Dampffahne das einzige Zeichen von Leben im großen Umkreis zu sein scheint.
Schafherden werden von mürrischen Alten behütet, die sich abwenden, wenn je-

Monte Amiata: Der Berg der Armut und des Schweigens

mand vorbeikommt. Niemand lacht, die Blicke sind böse und stumm. Ausweglos scheint die Lage für die Menschen, die schon seit Jahrhunderten hier ein einsames Leben erdulden, voller Wünsche und Träume, die sich nie erfüllen.

Abbadia San Salvatore, fremde Bauernstadt auf halber Höhe des Berges, verdankt seine Entstehung dem ehemaligen Kloster, das im Mittelalter sagenhafte Reichtümer besaß – erpreßt von den abhängigen Bauern, die vom Christentum heutiger Prägung nichts wissen wollen. Sie sind Kommunisten oder Anarchisten, vertrauend nur auf sich und hoffend auf eine ideale Gemeinschaft von Gleichen. Manchmal dem urchristlichen Kommunismus ähnlich – hier, in Arcidosso, hat David Lazzaretti 1872 eine christliche Bruderschaft von Bauern, Hirten und Handwerkern gegründet. Sechs Jahre später wird er als Aufrührer erschossen. Seine Gedanken leben fort, seine Anhänger werden später Partisanen, Kommunisten. Er selbst war als Märtyrer gefeiert, gilt vielen heute als ein Vorbild zu sozialer Erneuerung.

An der grundlegenden Not, der Armut, konnte er nichts ändern. Der steinige Boden gibt nichts her, das Klima ist Mensch und Natur feind – eisig kalt im Winter, glühend heiß im Sommer. Was im Schatten des Monte Amiata liegt, scheint ohne Energie – karge, unwirtliche Natur, einsame Menschen, die in Jahrhunderten der politischen und sozialen Unterdrückung gewachsene Lethargie: Nichts gibt Aussicht auf eine Änderung der Verhältnisse. Seit dem Ende der Etrusker haben sich Land und Leute nur in kurzen Zeiten der Scheinblüte erholt – in wahren Notstandsgebieten ändert sich nie Entscheidendes. Das Elend des Südens beginnt hier, kurz hinter Siena – nicht erst bei Neapel.

IM WEITEN, grünen Tal die blaue Thermalquelle, auf dem Bergstock darüber dunkel thronend die Stadt. Am Marktplatz zwei etruskisch-römische Grenzsteine, Cippus genannt. »Due Cippi« heißt denn auch eines der besten Restaurants weit und breit, schlicht und mit sicherem Geschmack restauriert und ausgestattet von Michele Aniello und seiner Frau Bianca Sensa Nonne. Hier gibt es die Produkte des Landes, der höhergelegenen, dem Meer abgewandten Maremma. Wilder Spargel und die ersten Maipilze aus den Wäldern; später Steinpilze, die begehrten Kaiserlinge; aus dem Wald auch Beeren und, im Herbst, Vögel und Wildschweine; Löwenzahn, Borretsch und Wegwarte (wilde Zichorie) von den Wiesen, Rauke, Feldsalat und Senf von den Äckern, Fleisch und Geflügel aller Art aus den Ställen der kleinen Maremma-Bauern, die ihre Tiere nach althergebrachten, natürlichen Methoden aufziehen; Fische vom nahen Meer (Porto Santo Stefano) und aus der Albegna und ihren Nebenflüssen; Gemüse und Früchte, Salate und Kräuter aus kleinen Gärten; Hauswein ist der Morellino di Scansano, ein kräftig roter, nach Gewürzen, dunklen Waldbeeren (more = Brombeeren) und Unterholz duftender Wein aus der Region, benannt nach der Nachbarstadt: Essen und Trinken richten sich hier wirklich nach dem Angebot der Natur!

Nach dieser Aufzählung könnte man glauben, das Land sei reich – mitnichten! Im Frühjahr trügt die grüne Idylle: Die Wiesen stehen saftig und grün, Kühe grasen allenthalben. Die Wälder blühen üppig und geben den Bienen reiche Weide. Hier ein Weinberg, dort ein Gärtchen. Doch kommt man im Spätsommer, so findet man das Land ausgedörrt und ausgeblichen, farblos und trist, von graugelbem Staub überzogen; ein Glutofen, der die Holzbirnen am Baume trocknen läßt. Lähmende, bedrückende, leere Stille.

Saturnia – welch magischer Name ... Erinnernd an den Gott der Saaten, der Fruchtbarkeit und des Überflusses, den römischen Saturnus. Erinnernd, daß dieses Gebiet einst fruchtbar war, in etruskischer und frührömischer Zeit die Korn-

SATURNIA: DIE SCHWEFELQUELLE UND ZWEI GRENZSTEINE

kammer des Reiches, ehe aus Ägypten billigerer Weizen kam und die Infrastruktur der Kanäle und Straßen dem Verfall preisgegeben wurde. Erinnernd an den sagenhaften Gott-König, der sein Land (Etrurien) mit milder Hand regierte, dessen Bevölkerung ohne Trug und Streit dem friedfertigen Landbau nachging. Er wurde gefeiert in den Saturnalien, einem der ältesten und wichtigsten Feste der Römer und Vorläufer des Weihnachtsfestes.

Hier sprudeln stündlich über zwei Millionen Liter schwefelhaltiges (und daher infernalisch stinkendes, aber um so gesünderes), radioaktives Wasser aus einer wie ein Schwimmbad gefaßten Quelle. Man kann dort für einen stattlichen Eintrittspreis baden; denn sie gehört zu einem Nobelhotel, das sich Club nennt, und ist nur den Residenten direkt zugänglich – die schweren Limousinen und schnittigen Renner auf dem Parkplatz verraten, wer sich das Vergnügen leisten kann. Aber natürlich: Das 37,5 Grad warme Wasser versickert nicht sofort! Folgt man dem Ablaufkanal (an sanft aus Schilfwaldern aufsteigenden Nebeln leicht erkennbar), so kommt man an eine verfallene Mühle, wo das Wasser in versinterten, Becken und Wannen bildenden Kaskaden herunterstürzt. Hier kann jeder frei den Heilschlamm nutzen und ein reinigendes, Gicht und Rheuma kurierendes Bad nehmen – meist im Kreise von Campern und picknickenden Familien.

Saturnia liegt, wie alle alten Städte der Maremma, auf dem Berg. Die Täler waren jahrhundertelang im Würgegriff der Malaria. Erst nach dem Zweiten Weltkrieg hat das DDT der Amerikaner einen endgültigen Sieg über diese Geißel davongetragen, nachdem Generationen mit mäßigem Erfolg daran gearbeitet hatten, das Land trockenzulegen und urbar zu machen.

Die Menschen sind noch heute geprägt von den Strapazen des Lebens. Nur schwarze Kleidung tragen die Alten, die verkrümmt und abgenutzt die Straßen stets hastig, in unnatürlicher Rührigkeit entlangeilen, als ob sie sich fürchten. Auch kein noch so kurzes Schwätzchen – das bleibt den jungen Hausfrauen am Marktstand überlassen. Alte Männer mit dunklen, von der Sonne ausgezehrten Gesich-

tern unter ausgebleichten Hüten, schweigsam auf Bänken sitzend, nur dann und wann ein Ausbruch von Gespräch. Auf dem Marktplatz von Saturnia, mit schattenspendenden Bäumen und dem Versuch zweier Brunnen, erklingt kein fröhliches Lied. Kein Lächeln entspannt die kantigen, harten Gesichtszüge des Mannes in der Bar, wenn fremder Gruß erklingt. Die abwägenden, fast unverhohlen gierigen Blicke der Leute schaffen gespannte Beziehungen. Nichts erinnert an die offenen, ursprünglichen, an den Menschen interessierten Toskaner von Lucca, Pisa oder Florenz. Hier gibt sich niemand preis, Vertrauen bleibt in der Familie. Das Leben ist Kampf – gegen die Natur und die Sonne, gegen die Landbesitzer und die Fremden, die seit Jahrtausenden die Menschen ausbeuten und nur in leeren Worten Trost spenden, gegen die Malaria, gegen die anderen. Auf dem schwarzen Boden stehen in langen Reihen oder dichten Gruppen unzählige Töpfe mit Blumen – auch sie unfrei, verborgen, an freier Entfaltung gehindert. Selbst die Geranien müssen Zurückhaltung üben.
Die tief eingewurzelten Verhaltensweisen hielten lange sogar dem Tourismus stand. Bis vor wenigen Jahren haben es nur wenige Fremde geschafft, sich hier heimisch niederzulassen, Touristen wurde nur wenig geboten. Aber inzwischen bleiben die Sommergäste nicht mehr an der Küste, sondern kommen herauf und bringen bescheidenen Wohlstand mit: Innerorts wie auf den Hügeln bieten Trattorien und regelrechte Restaurants neben den unvermeidlichen Pizzen einfache, aber ursprüngliche Mahlzeiten an; kleine Hotels, Pensionen und Familien halten meist einfache Zimmer bereit. Und mit der Erkenntnis, daß die Fremden nicht alle des Teufels sind und Böses wollen, wurden auch die Menschen freundlicher und umgänglicher.

Einer der beiden etruskisch-römischen Grenzsteine, *Cippus* genannt, die einem Restaurant in Saturnia den Namen gegeben haben. Die Vergangenheit scheint hier in der südlichen Toskana in Stein und Lebensform allgegenwärtig zu sein, umfängt Geist und Gemüt, und mancher mag sich, es fällt nicht schwer, wenigstens träumerisch in eine arkadisch-archaische Stimmung versetzen...

Wieviel Kraft und Mühe, wieviel harte und schweißtreibende Arbeit wurde seit Jahrtausenden in die Kultivierung der südlichen Toskana investiert! Heute lebt das einst reiche Acker-, Wein- und Olivenland ärmlich und bescheiden vor sich hin. Die Alten haben kaum mehr Arbeit, bauen nur für den persönlichen Bedarf hier etwas Wein, dort etwas Klee, halten ein paar Karnickel und Hühner, ernten ihre Oliven, lassen daraus ein Öl pressen.

Erst seit ein paar Jahren wird von neu zugezogenen Unternehmern, die sich größeren Grundbesitz zusammenkaufen konnten, wieder investiert, damit die kleinen, durch Mauern von rausgelesenen Steinen getrennten Felder maschinengerecht vergrößert und rentabel genutzt werden können. Auch Wein und Olivenöl erzielen, dank Subventionen und besserer Anbau- und Gewinnungsmethoden, wieder existenzsichernde Preise.

DURCH ÜPPIG bewaldete Täler und karge Felder auf der Hochebene führt die Straße vom Meer hoch in das Hinterland der Maremma, undurchdringlich begrenzt durch Mauern oder Brombeerhecken. Dazwischen Haselnußbüsche, Holzbirnen, Walnußbäume, ab und zu Opuntien mit ihren leuchtenden Blüten, immer wieder die staksigen Äste wilder Feigenbäume. Durch ein Waldstück abwärts, um eine Kurve – dann erscheint wie aus dem Felsen gewachsen auf einem Sporn eine Stadt: Pitigliano. Steile Abbrüche des weichen vulkanischen Tuffs, darinnen dunkle Löcher für Keller und aufgelassene Gräber. Halb heruntergestürzte Häuser, andere verfallen, dunkle, fensterlose Höhlen. Beherrschend und herausfordernd intakt der gewaltige Aquädukt aus dem 16. Jahrhundert; ein prachtvolles Stadttor der Orsini: eine Stadt wie auf einem spätmittelalterlichen Bild …

Mühsam quält sich der Verkehr den Berg hinauf. Parkplatzsuche – die Städte der südlichen Toskana sind noch weniger als andere für das Auto gebaut. Zwei endlos scheinende Straßenzüge erschließen die sich aneinander duckenden Häuser. Von ihnen aus führen steile Treppen abwärts nach der einen, aufwärts nach der anderen Seite – wie ein Ring umschließt die Stadt den Bergrücken. Sie vermittelt, wie auch das nur aus einer Straße bestehende Sovana und die dramatische Felsenstadt Sorano, ein erstaunliches Gefühl gelassener Geborgenheit. Die nachbarschaftliche Nähe, die Einheit der Baumaterialien besitzen eine innige Ausstrahlung, der man sich nicht entziehen kann. Das Baumaterial für die Häuser hat man einst beim Aushöhlen der Keller gewonnen, einfach herausgesägt. Als diese Steine nicht mehr reichten, legte man an steilen Hängen der tief eingeschnittenen Täler Brüche an – mit runden Sägeblättern werden backsteingroße Steine aus der Tuffwand geschnitten. Beim Trocknen härten die Steine aus. Ihre poröse Struktur gibt doppelten Schutz: Im Sommer verhindert sie das Eindringen der Hitze, im Winter isoliert sie vor der schneidenden Kälte der Nordwinde. Auch die geduckte, sich aneinanderlehnende Bauweise der zweigeschossigen Häuser hat dieses Ziel.

PITIGLIANO: DAS FAST NOCH LEBENDIGE MITTELALTER

Das Leben ist hart im von der Landwirtschaft der Umgebung geprägten Pitigliano: Was pittoresk scheint, hat seinen Grund in bitterer Armut, schon früh einsetzender Abwanderung. Nur noch ein Bruchteil der Bevölkerung im Mittelalter lebt heute hier. Darunter waren einst viele Juden, die seit dem 14. Jahrhundert zuzogen, meist während der Inquisition aus Spanien kamen. Die Rabbinertochter Edda Servin Machlin, 1926 in Pitigliano geboren und heute Amerikanerin, hat das hiesige Leben unmittelbar vor dem Zweiten Weltkrieg beschrieben.

»Die meisten Grundnahrungsmittel wurden vor dem Haus gekauft. Meist brachten die Bauersfrauen die Waren vorbei. Milch frisch nach dem Melken, in großen Bottichen mit einem Ausguß, an dem die drei Meßbecher hingen: quarto, mezzo und litro. Die Milchfrau war meist die erste, die morgens anklopfte und die frische Milch gleich selbst in den Kochtopf goß, denn nur durch zwanzigminütiges Kochen wurde die Milch steril. Ab und zu brachte sie auf Bestellung Butter, Schafskäse – den frischen, süßen Pecorino – und Ricotta ... Obst und Gemüse wurden ebenfalls frühmorgens gleich nach der Ernte vor der Haustüre haufenweise angeboten, jede Sorte feinsäuberlich durch Zweige von der anderen getrennt. Frische Bohnenkerne gab's in großen Mengen, noch ungeschält oder aber ausgelöst in kurzen, zylindrischen Gläsern.

Fisch wurde in den umliegenden Bächen gefangen und noch lebend angeboten, wobei die Fischersfrauen unter unseren Fenstern singend ihren Fisch anpriesen. Meine Mutter bat sie herein, und ich erinnere mich genau, wie die zappelnden Fische auf einer Handwaage abgewogen wurden.

Brot wurde meistens zu Hause gebacken oder in öffentlichen Backöfen gegen ein kleines Entgelt bzw. durch Abgabe einer der Laibe als Bezahlung ... Da ich die ältere Tochter war, mußte ich das Brot backen ... Eines konnte ich aber nicht: das schwere Brotblech auf dem Kopf zum Bäcker tragen. So kam die Bäckersfrau persönlich zu uns nach Hause und trug das Blech, das etwa 12 kg wog, wie eine Krone davon. Sie war so groß und farbig in ihrer pitiglianesischen Kleidung und ging so aufrecht, daß wir sie die ›Karyatide‹ nannten.« Noch intensiver sind die Erinnerungen an den Kosherofen: »Der Ofen befand (und befindet) sich in einem aus dem Felsen geschnittenen Kellergewölbe, dessen Zugang so steil war, daß das Hinkommen an sich schon ein gefährliches, aber unvergeßliches Abenteuer gewesen ist.« Nach längerem Abstieg »öffnete sich ein unterirdischer Gang. Ein paar Schritte weiter tauchte man völlig ins Dunkel ein. Die Treppen waren hier in den Tuffstein gemeißelt, ewig feucht und klebrig, so daß man sich vorsichtig nach unten zu den Ofenräumen vortastete und dabei wiederholt ausrutschte oder das Gleichgewicht verlor ... Zwei große Fensterlöcher durchfluteten den Backraum mit Licht, so daß der Ankommende zuerst geblendet wurde ...

In meiner Kindheit war der Ofen nicht das ganze Jahr in Betrieb. Aber einmal im Jahr, kurz vor dem Neujahrsfest, wurden Spinnweben entfernt, die Wände vorsichtig gereinigt, die marmornen Zubereitungsflächen makellos sauber geschrubbt, die kleinen Teigrollen in Bleiche gereinigt, die Kämme zum Anstecken der Brote geölt und der riesengroße kupferne Mischzuber poliert, bis er glänzte. Dann mußten Zutaten und Gerätschaften nach unten gebracht werden: Wasser, Feuerholz, Zucker, Eier, Mehl, Öl, Wein, Gewürze, Töpfe, Schlagbesen, Backbleche und Behälter. Dann versammelten sich der Reihe nach sämtliche jüdischen Familien, um für sich ihr Matzotbrot und all die verschiedenen Kekse, Süßigkeiten und Kuchen zu backen, die für die acht Tage des Passahfestes benötigt wurden ... Einige Tage lang ergoß sich eine wahre Prozession riesengroßer geflochtener Körbe voll von diesen Leckerbissen in die jüdischen Häuser und hinterließ in den engen Gassen einen wundervollen Duft.«

Die schmalen Gäßchen: malerisch, aber nicht alle Häuser bewohnt – manche gehören inzwischen Ausländern, die hier für wenig Geld ein immer bewachtes Feriendomizil besitzen. An vielen Häusern das gelbe »vendesi«: zu verkaufen. Neben den bescheidenen Läden für den täglichen Bedarf eine Menge Touristengeschäfte: Ramsch, billige Kopien etruskischer Kunstobjekte, Modeschmuck. Aber auch köstlicher Honig, Naturheilmittel, Seifen und Salben, allerlei medizinische Tees und Schönheitswässerchen aus Kräutern, Samen, Wurzeln und Rinden, die gleichermaßen von jungen Aussteigern wie alten Kräuterweiblein gesammelt werden.

Das Leben spielt sich in Pitigliano weitgehend öffentlich ab: Die Handwerker und Geschäfte haben die Tore geöffnet, man kann zuschauen, eintreten oder nur ein Schwätzchen halten. Hier eine Gruppe von warme Winterjacken strickenden Frauen, dort Männer, die junge Ginsterruten nach der traditionellen Art zum Anbinden von Weinreben vorbereiten. Die Arbeit wird häufig gemeinsam erledigt, aber stets nach Geschlecht getrennt...

Aus einer kleinen, etwas altmodischen Bäckerei strömt ein anheimelnder Brotduft, in den für die Touristen geschaffenen Läden gibt es neben dem üblichen Kitsch auch wunderbare Würste, kräftigen Käse, sanftes Olivenöl, starken Essig und den würzigen Wein der Umgebung, schließlich Obst und Gemüse zu kaufen: Grundlage für ein Picknick in der heroischen Landschaft! Es empfiehlt sich sehr, einen entsprechend ausgestatteten Korb mitzunehmen, denn sehr abwechslungsreich ist das Angebot der ganz auf die Touristen ausgerichteten Lokale hier nicht: Zweimal am Tag kann man die intensiven Saucen auch nicht lange genießen!

DER GEGENSATZ könnte nicht schroffer ausfallen: Hier das behäbig sich hinbreitende Orbetello auf einer Landzunge inmitten der stillen Lagune, dort die steilen Felswände, an denen die Fischerstädtchen Porto Ercole und Porto Santo Stefano hängen! Gemeinsam allen dreien: bunte und fröhliche, aber weiche und verwaschene Farben.

In Orbetello fließt der Strom des Lebens heute langsam. Die einst fischreiche Lagune ist verschmutzt, die wehrhaften Kaimauern spiegeln sich in trägen, ölschimmernden Wellen. Noch allgegenwärtig die spanische Vergangenheit mit einer strengen Militärarchitektur, gemildert durch die später hinzugekommenen barocken Bauten in bourbonischer Liebenswürdigkeit und die imposanten Gärten. Ab 1555 wurde Orbetello von der spanischen Krone zur Festung umgebaut, um die italienischen Fürstentümer von hier aus zu kontrollieren und zu erpressen. Ein Schicksal, das Porto S. Stefano und Porto Ercole teilten.

Doch Porto S. Stefano ist höchst lebendig: Kommt man am späten Nachmittag an den Hafen, so erlebt man das herrliche Spektakel der Rückkehr der Fischer. In der regen Betriebsamkeit achten alle darauf, niemandem den Fang zu zeigen, damit auf der sich unmittelbar anschließenden Versteigerung gute Preise erzielt werden. Ströme von Menschen, Wagen mit Eisblöcken, Karren voller Fischkisten bewegen sich nach undurchschaubaren Gesetzen scheinbar ziellos hin und her. Dann kommen die Lastwagen aus Rom, Florenz und selbst Genua, um den Fang auf schnellstem Wege in die Markthallen zu transportieren. Dazwischen die Restaurateure und Fischhändler der Küste, die sich hier direkt und fachkundigen Détail versorgen.

Die Fischer von Porto S. Stefano haben keinen leichten Job – man sieht es ihnen an, den Alten wie den Jungen. Noch vieles ist Handarbeit, was in anderen Ländern längst von Maschinen erledigt wird. Und die Fische werden nicht mehr vor dem Hafen an der Küste, sondern vor den Inseln, vor Sardinien gefangen. Zwei bis drei Tage sind sie oft unterwegs, vier bis acht Mann – und zurück kommen sie

ARGENTARIO: WILDER FELSEN VOR STILLER LAGUNE

mit ein paar Kisten, wenn's schlecht läuft, wenn Wetter und Strömung nicht mitgemacht haben. Gerade genug zum Überleben, aber bei weitem nicht genug, um ein ordentliches Auskommen zu haben, um die notwendigen Reparaturen an den Schiffen vornehmen lassen zu können. So rottet alles langsam vor sich hin. Die Netze müssen sicher noch hundertmal geflickt werden, auch wenn sich die Mühe eigentlich kaum mehr lohnen kann.

Dabei kostet Fisch viel Geld – eben weil er so knapp geworden ist. Die Marktstände am Hafen quellen über von den herrlichsten, besten, frischesten Meeresfrüchten. Käufer sind hauptsächlich die Restaurateure, aber auch nur dann, wenn genügend Fremde eingetroffen sind. Für die Einheimischen ist der Fisch zu teuer. In den umliegenden Restaurants sind jedoch trotzdem keine kulinarischen Höhepunkte zu erwarten. Es mangelt sowohl an Einfallsreichtum als auch an Präzision. Die Fische werden meist auf den Grill gepackt, mitsamt ihren Schuppen, die dabei stinkend verbrennen. Fast immer läßt man sie zu lange auf der Glut, nimmt mieses Öl und nur allzu häufig auch Tiefkühlware, die einfach billiger und problemlos aufzubewahren ist – Touristenküche. Das ändert sich übrigens schlagartig, wenn im Frühsommer auch für italienische Reisende die Saison beginnt: Sobald sie die Restaurants bevölkern, steigt plötzlich deren Qualität. Dann werden die Yachten der Städter, die hier im Hafen liegen, wieder bewegt und weicht der Winterschlaf langsam der Betriebsamkeit des nahenden Sommers. Man merkt: Rom ist 150 Kilometer nah. Aus gutem Grund wurde der von einem nach Norden ragenden Felssporn geschützte Hafen durch moderne Molen verzehnfacht und bietet jetzt genügend Platz für die eleganten Segel- und Motoryachten der reichen Römer.

Porto Ercole mit seiner wunderschönen Piazza, seinen gewaltigen Forts und dem gemütlichen alten Hafen liegt noch geschützter und wärmer – hier ist das ganze Jahr über Saison: daher noch größer der neue Hafen, noch weiter die Mole und noch mehr und noch erlesener die Yachten. Die Hotels sind luxuriöser und sehr teuer, inmitten reich blühender Gärten prangen stattliche Ferienhäuser auf den steilen, schwer zugänglichen Hängen.

Von hier aus erreicht man am schnellsten und bequemsten die kilometerlangen Sandstrände, die sich – zur Straße hin durch Pinienwälder abgeschirmt – vor der Lagune von Orbetello hinziehen. An schönen Sommertagen werden die Straßenränder zu immensen Parkplätzen, die Menschen trampeln sich ihre Pfade durch die Wälder und lassen ihren Picknickmüll durchaus nicht idyllisch zurück.

Die Halbinsel des Monte Argentario war vor wenigen hundert Jahren eine echte Insel, noch nicht durch angeschwemmte Sandbänke mit dem Festland verbunden. Heute fährt man auf einer bequemen Teerstraße bis an ihr Westende, vorbei an verlassenen und verfallenen Bauernhäusern, denn der mühselige Anbau von Wein, Oliven, Mandeln auf den steilen Terrassen lohnt sich nicht mehr, nur die Imker finden hier noch ein Auskommen.

Mit einem geländegängigen Wagen kann man sich sogar die Südküste entlang nach Port'Ercole durcharbeiten. Zuerst auf einem zwar steilen, aber befestigten Sträßchen, dann aber auf einem zerklüfteten Schotterweg, der streckenweise einer Geröllhalde oder einem tief ausgewaschenen Flußbett gleicht. Er erlaubt einen Schnitt von fünf Stundenkilometern, eröffnet aber auch atemberaubende Ausblikke auf die wilde Küste, einige nur vom Meer erreichbare Villen, menschenleere Buchten und die im grauen Dunst verschwimmende Insel Giglio. Bald wird die Straße durchgehend geteert, alles zugebaut, der wilde Charme der Landschaft dahin sein …

Fährt man zurück auf dem »echten« Festland, einige Kilometer nach Süden, kommt man in das etruskische Ansedonia, das römische Cosa. An der Ostküste des Vorgebirges schneidet sich eine seltsame Scharte in den Fels – die Spalte der Königin, wie alle etruskischen Stätten von magischen Phantasien umrankt. Mit einer großartigen Ingenieurleistung waren hier im Altertum Kanäle in den Felsen gehauen worden, um die Versandung eines geschützten Hafens aufzuhalten. In ei-

nem mittelalterlichen, nach ihm benannten Turm komponierte Puccini hier in romantischer Einsamkeit seine »Tosca«.
Richtung Norden: Zunächst das verschilfte Mündungsgebiet des Flusses Albegna. Dann weite Strände, die Festungsstadt Talamone, der herrliche Naturschutzpark der Monti dell'Uccellina, das aufstrebende Seebad Marina di Grosseto, die eindrucksvolle Pineta di Tombolo mit riesigen Schirmpinien, schließlich das auf einem Felsen alles dominierende Castiglione della Pescaia. Von hier geht's – wieder durch Pineten – nach Punta Ala, dem teueren, einfach in die Macchia gestellten Kunst-Ort aus Hotels, Villen und Ferienwohnungen; über Pian d'Alma in das lärmende Touristenzentrum Follonica, an der größten eisenverarbeitenden Hüttenstadt Italiens, Piombino, vorbei ins etruskische Populonia am Golf von Baratti.
Wer an der Küste bleibt, kann dieses Land, die Maremma, jedoch nicht verstehen: Der Tourismus hat die Charakteristika verschliffen, die Landschaft international gemacht. Möglich war dies erst, nachdem die malariaverseuchten Sümpfe und Flußniederungen trockengelegt werden konnten. Die Etrusker hatten dies teilweise bereits geschafft, doch siedelten sie stets auf Hügeln in »guter« Luft. Unter den Römern begann ein erster Niedergang. Im Mittelalter, unter den mächtigen Aldobrandeschi (Sovana, ab 10. Jahrhundert) und den Orsini (Pitigliano, ab dem 14. Jahrhundert) gab es eine neue Blütezeit. Als Siena im 15. Jahrhundert die Herrschaft über dieses Gebiet erlangte, begann ein neues Aussterben; die Bevölkerungszahl sank bis ins ausgehende 19. Jahrhundert ständig, das Land verarmte, die Malaria breitete sich aus, die Städte verfielen. Grosseto hatte 3000 Einwohner. Die Verwaltung zog im Sommer hinauf ins gesündere Massa Marittima.
Heute ist Grosseto die dominierende Stadt der südlichen Toskana mit über 70 000 Einwohnern. In dieser Provinz gibt es Gemüse- und Obstbau in großem Stil: Seit dem 19. Jahrhundert hatte man sich verstärkt um die Melioration, die Trockenlegung der Sümpfe und Ackerlandgewinnung, gekümmert. Zunächst mußten die für die Bewirtschaftung, vor allem aber die Ernte nötigen Arbeitskräfte aus den

Bergen in die Ebenen kommen: Wanderarbeiter, die einen kärglichen Lohn bekamen, zuwenig zum Leben, zuviel zum Sterben. Niemand wußte, ob er je aus der Gluthölle der »bitteren Maremma« zurückkommen würde – das Sumpffieber schlug unerbittlich zu. Doch Großgrundbesitzer machten dabei das große Geld.
In den zwanziger Jahren dann gelang die bereits von den Medici begonnene, von Großherzog Leopold II. in den zwanziger Jahren des 19. Jahrhunderts fortgesetzte Landgewinnung: Mussolini siedelte auf dem Neuland arbeitslose Bauern aus Norditalien, vornehmlich aus Venetien, an. Mit zinsgünstigen Krediten bei der rechten politischen Gesinnung ein erster durchschlagender Erfolg.
1951 dann die große Bodenreform, auf die Italien so stolz ist: 200 000 Hektar Land werden an knapp 19 000 Familien übergeben. Das von den Faschisten errichtete Straßen- und Kanalnetz wird immer besser ausgebaut, aus altfaschistischen Verwaltungen werden kommunistische.
Aber: Die in den fünfziger Jahren fortschrittlich erscheinende Aufteilung hielt dem Druck der Zeit nicht stand. Die Felder waren zu klein für rationelle Produktion, schon wieder begann eine Welle der Landflucht. Die Kleinbauern mußten sich verschulden, wollten sie Schritt halten. Heute scheinen sie zwar alles zu besitzen – doch sie verfügen nur darüber, Besitzer sind die Banken. Nur dort, wo sich Kooperativen zusammenschlossen, können Gewinne erzielt werden.
Allerdings hat jeder sein Hausgärtchen. Und was dort wächst, schmeckt besser als alles Gekaufte. Die Küche der Region jedoch ist kaum mehr typisch: Durch die Zuwanderer aus Norditalien entstand ein undefinierbares Gemisch – wohlschmeckend und mit einem Hauch von norditalienischer Präzision. Die alte Küche der Maremma, armselig und auf wenige nahrhafte Grundzutaten – Mais, Weizen, Kastanien, Bohnen – aufgebaut, wurde mit Vergnügen vergessen. Heute ist es schwierig, die Originalrezepte in ihrer authentischen Schlichtheit aufzuspüren. Aber das ist vielleicht auch nicht nötig: Die Bauernküche hat in anderen Regionen der Toskana interessantere Beispiele zu bieten.

Die steile Küste des Argentario, des Silberberges, lebt aus dem Zusammenspiel von Felsen, Meer und Licht – ob im diesig-silbrigen Sonnenschein, im fahlen Morgengrauen oder im farbenfrohen Spektakel eines Sonnenuntergangs: Die Schauspiele der Natur sind von unendlicher Vielfalt. Und weil es hier so schön ist, versuchten schon vor Jahrzehnten immer mehr Leute an ein Grundstück zu kommen, um sich ein Haus daraufzustellen. Einige haben es geschafft, inzwischen aber ist dem ein Riegel vorgeschoben. Deshalb werden heute die Reste verfallener, aber ausbaufähiger Bauernhäuser zu horrenden Preisen gehandelt.

Porto Santo Stefano schmiegt sich in die Bucht zu Füßen einer Festung auf dem Monte Argentario – ein von Natur und Mensch geschützter Hafen, ausgebaut schon von den alten Römern. Hier liegen Yachten neben Fischerbooten, findet alltäglich, wenn das Wetter ein Hinausfahren erlaubt, einer der schönsten Fischmärkte Italiens statt. Aber der einstige Fischreichtum ist dahin, die Fänge sind kleiner geworden, die Zahl der Fischkutter stark zurückgegangen.

Die meisten der arbeitslos gewordenen Fischer, junge wie alte, vermissen ihr freies Fischerleben und freuen sich schon, wenn sie an der Mole sitzen, miteinander plaudern können, wenigstens Netze und Taue zu flicken bekommen, so am gewohnten Leben teilhaben und sich ein kleines Zubrot verdienen können. In der vor rauhen Winden geschützten Lage wachsen Zitrusfrüchte und Bougainvilleen in verschwenderischer Pracht und Fülle.

EINER DER stillsten Orte der toskanischen Küste ist der Golf von Baratti: Land und Wasser verschwimmen in blauem Licht, ein kleiner Hafen mit pastellfarbenen Booten, wiegendes Schilf und Kaskaden blühender Akazien; der Hügel von Populonia mit der zinnenbekränzten Burg, etruskische Grabhäuser in den saftigen Wiesen und aufwachsenden Weizenfeldern ... Kann man sich vorstellen, daß hier vor zweieinhalb Jahrtausenden die größte Eisenschmelze Europas stand? In Populonia (etruskisch Puplana oder Fufluns, das ist eine Art etruskischer Bacchus) verhütteten die Etrusker die Erze (Kupfer, Bronze und Eisen) aus den Colline Metallifere, dem toskanischen Erzgebirge des Hinterlandes. Im Hafen landeten sie die bereits von ihnen entdeckten und ausgebeuteten, besonders eisenhaltigen Erze der Insel Elba an. Heute geschieht das, wie schon in römischer Zeit, in Piombino.

Die Geschichte von Populonia belegt die Merkwürdigkeiten der Zeitläufe: Blühend unter den Etruskern, die erste Stadt, die eigene Münzen prägte und für den Warenverkehr einsetzte. Zerstört zuerst von den Römern, dann von den Sarazenen. Verlassen im 9. Jahrhundert von den letzten Überlebenden, die sich mit ihrem Bischof vor der Malaria nach Massa Marittima retteten. Populonia also ging unter – auch, weil die von den Römern inzwischen in Kärnten eingerichtete Eisenproduktion wirtschaftlicher war. Im Ersten und vor allem während des Zweiten Weltkrieges erlangte es neue Bedeutung: Man entdeckte, daß in den von den Etruskern zurückgelassenen Schlacken noch erhebliche Mengen Eisen enthalten waren, begann, die beträchtlichen Berge abzutragen, gewann noch einmal Tausende Tonnen vorzüglichen Eisens. Dabei stieß man mehr zufällig auf eine Reihe etruskischer Gräber, die man heute besichtigen kann. Im kleinen Museum von Populonia, in einem barocken Palast an der einzigen, platzartigen Straße untergebracht, kann man einen Teil der Schätze besichtigen. Hier werden auch die Scherben der Funde mit einer unendlichen Geduld und viel Geschick zusammengesetzt.

Wer waren diese Etrusker? Noch immer hat man die Rätsel um ihre Herkunft nicht

POPULONIA: DIE EISENHÜTTENSTADT DER ETRUSKER

gelöst – sind sie aus Kleinasien (Troja) eingewandert oder europäischen Ursprungs? Ihre Schrift, der altgriechischen angelehnt, kann man »lesen«, aber nur unvollständig verstehen – noch sind keine Übersetzungen etruskischer Werke ins Griechische oder Lateinische gefunden worden. Noch immer fehlen Erklärungen zu ihrem ausgeprägten Totenkult. Ihr Erdenleben haben sie wohl nur als eine Art Vorstufe des Daseins betrachtet: Für das eigentliche Leben nach dem Tode bauten sie sich daher prächtige Totenhäuser, ganze unterirdische Städte.

Das Geheimnis bleibt vielfach für immer bestehen: Die weitläufigen Nekropolen werden heute wie vor hundert Jahren von Grabräubern ausgeplündert, die schönsten und wichtigsten Dinge verschwinden in Privaträumen reicher Touristen und Sammler, unbesehen von Archäologen und unausgewertet von der Wissenschaft. Grabräuber? Eher die von ihrer Geschichte geprägten Nachfahren, Ebenbilder etruskischer und römischer Portraits, Abenteurer auf der Suche nicht nur nach verkaufsfähigen Stücken, sondern einer im Boden verschwundenen Geschichte. In den teilweise immensen Totenstädten läßt sich noch weitaus mehr entdecken, als bisher ans Tageslicht gelangte. So manche Familie, ja ganze Gemeinden leben auch heute, unbehelligt von Denkmalschutz und Polizei, ganz gut von der Ausbeutung der Schätze ihrer Vorfahren.

Nur wenig weiß man über das Leben der Etrusker. Keine antike Kultur erscheint uns so widersprüchlich, weder ihre Gesellschaftsordnung noch ihre Gewohnheiten und Verhaltensweisen sind erklärt. Wir wissen, daß sie Ackerbau trieben. Wir wissen, daß sie in friedlichem Wettstreit in Stadtrepubliken auf hohem kulturellen Niveau lebten, daß Frauen gleichberechtigt waren. Und wir wissen, daß sie hervorragende Techniker (Trockenlegungen, Wasserleitungen, Straßen und Brücken), Architekten und Künstler (Töpfer, Goldschmiede, Maler) waren, begnadete Schiffsbauer, exzellente Navigateure, mutige Seeleute (nach ihnen, griechisch den Tyrrhenoi, wurde das Tyrrhenische Meer benannt) und ausgezeichnete Händler. Die Römer haben fast alles von ihnen gelernt – und dankten es, indem sie ihren kulturellen Vormund mit so gründlicher Grausamkeit ausrotteten, daß kaum mehr oberirdisch-weltliche Zeugnisse etruskischer Kultur vorhanden sind. So wissen wir leider auch nicht, wie ihre Küche beschaffen war – die Römer nahmen sie sofort für sich in Anspruch. Die Etrusker haben gerne gegessen, wie ihre Vasen und Statuen zeigen: Sie neigten zu genüßlicher Körperfülle. Und auf den Wandmalereien ihrer Totenhäuser ließen sie sich gerne bei fröhlichem Gelage vor reich gedeckter Tafel darstellen. Die Kultur ihrer Feste hatten sie jedenfalls hoch entwickelt.

Die Grundlagen der heutigen toskanischen Kochgewohnheiten dürften damals festgelegt worden sein: Olivenöl, Wein und Getreide bildeten die Basis, reichliche Verwendung gesammelter Produkte (Kräuter, Pilze, Beeren) gilt als gesichert. Milch und Käse gehörten zur täglichen Kost; Wild wurde mit Vergnügen gejagt (die Etrusker waren Meister im Speer- und Diskuswerfen); Fleischgenuß dürfte stets auch eine religiöse, opfernde Handlung gewesen sein. Gerne aß man Fisch, noch lieber Austern, die man bereits in großen Mengen züchtete.

Die Etrusker waren Genießer. Und insofern durchaus die Ahnen der Toskaner. Wie tröstlich, daß in den täglichen Dingen des Lebens mehr Kontinuität liegen kann als in dem, was wir Geschichte nennen!

Im Frühling, ehe die Touristenschwärme einfallen, herrscht noch heitere Gelassenheit und eine beinahe andächtige Stille in Populonia. Jetzt kann man sich die Ausstellung der Grabfunde und die Gräber selbst in aller Ruhe und ohne Wartezeiten anschauen. Und man kann sogar versuchen, sich – freilich mit einiger Phantasie – in die Welt der Etrusker zurückzuversetzen. Die Eleganz etruskischer Figuren, der formvollendete Schwung ihrer Vasen, Kannen und Schalen entzückt uns aber nicht nur in musealer Umgebung immer wieder, sondern beides ist auch heute noch in den alltäglichen Gebrauchsgegenständen der Toskana lebendig.

Überall in der Toskana entfalten Frühling und Frühsommer eine ungeahnte Blütenpracht. Unten an der Küste ist sie wohl am vielfältigsten: An den Wegrändern blüht himmlisch blau der wilde Borretsch; der Waldboden verwandelt sich in einen einzigen Teppich von kleinen, cyclamenfarbenen Alpenveilchen; der Sandboden unter den Kiefern ist übersät von kleinen weißen Sternchen, rosigen Röschen und gelben Anemonen; hier recken sich stolz und stattlich weiße Madonnenlilien, dort leuchten Meere blauer Schwertlilien; und die Akazien verwandeln sich in wahre Wolken von duftendem Weiß.

Abseits der bekannten Pfade zeigt sich, vor allem außerhalb der Saison, auch die sonst von Römern und Touristen regelrecht überschwemmte Küstenregion im Charme des Alltags: Straßen und Höfe werden wie eh und je mit dem Reisigbesen gefegt, die Wäsche muß an die Sonne und flattert malerisch vor dem Schloß von Populonia, und die heimwärts ziehenden Schafe verwandeln die karge Landschaft in lebendige Land-Art. In den Touristenorten allerdings sieht es anders aus – dort fehlt inzwischen gerade dieses unverstellte Lebensgefühl, das die Toskana so beliebt gemacht hat.

GRAPPA VON NANNONI

ITALIENS HOCHGEISTIGER Beitrag zum Genuß ist der Tresterbrand, die Grappa. Der unzweifelhaft beste Brenner der Toskana ist Gioacchino Nannoni, der in seiner hochmodernen Brennerei in Paganico für fast alle renommierten Weingüter deren Grappa brennt. In den Fässern reifen nebeneinander Destillate aus Monte Vertine, Castello di Querceto und Cappezzana, von Antinori, Avigonesi, Biondi Santi, Caparzo, Altesino und der Villa Banfi.

Nannoni: ein kraftstrotzender, lebensfroher Kerl – ein Macho macchiavellischer Schule. Dabei hochsensibel für die von ihm erwählte Kunst. Aufgeschlossen gegenüber modernen Möglichkeiten, unermüdlich suchend nach handwerklicher Perfektion. Das Herz seiner Anlage ist ein Computer, der ständig überprüft, wie sich die einzelnen Brände entwickeln, der nach ersten und immer wieder korrigierten Erfahrungen die maximale Art des Ausbaus und der Lagerung jedes einzelnen Brandes berechnet. Natürlich schaltet er das Können des Meisters nicht aus: Nannoni prüft mit der Zunge und im Labor, weiß genau, ob er die Grappa besser in der Flasche reifen und klar läßt oder die Aromen sich erst durch die Lagerung im Holzfaß entwickeln, das auch seine Farbe mitteilt. Je nach Typ reifen die Brände in Fässern aus slowenischer oder französischer Eiche, Kastanie, Esche, Kirsche, Birne oder Apfel. Manchmal liegen sie Jahre unter Zollverschluß, ehe sie abgefüllt werden können. Dann aber bieten sie einen ungeheuren Genuß und eine Vielfalt, die sich mancher nicht vorstellen kann, der bei »Grappa« einfach an Tresterschnaps denkt. Kenner finden die Aromen des Weins wieder, riechen aber auch Beeren, Waldboden, schwarze oder weiße Trüffel ...

Grappa, aus Trestern gewonnen, also aus mit dem Most vergorenen und anschließend ausgepreßten Schalen roter Trauben, war einst ein Abfallprodukt: Trank der Weinbauern an kalten Wintertagen. Inzwischen wurde er zum modischen Digestif, gleichzeitig in der Herstellung freilich ungemein verfeinert. Wichtig ist, daß die Trester unmittelbar nach dem Pressen verladen und so schnell wie möglich zum Brennen kommen, damit sich keine flüchtigen Säuren oder gar Essigstich bilden können. Deren derber, breiter Geschmack haftet auch heute noch billigen Grappe an – manche Leute mögen ihn sogar gern. Feine Grappe entstehen nur, wenn der Brenner schnell, aber trotzdem mit aller Vorsicht arbeitet, damit die den Trestern eigenen Aromen in die richtige Richtung konzentriert werden. Manche Grappe entfalten ihre Kraft jung und klar, andere brauchen die Reife im Holzfaß.

Absolute Sauberkeit und Akkuratesse gehören zum unerläßlichen Handwerkszeug des Brenners – und die absolute Abwesenheit von Geiz: Ein Brand ist nämlich nur so gut wie sein schlechtester Teil! Es gilt also, das Herzstück des Brandes vom Vorlauf und Nachlauf so zu trennen, daß nur der reinste Alkohol und nur die besten Aromen destilliert werden. Dazu arbeitet Nannoni sowohl mit für jeden Einzelbrand neu gefüllten Brennblasen als auch mit dem kontinuierlich

arbeitenden Kolonnenverfahren (siehe Bild rechts). Welches wie eingesetzt wird, ist sein Geheimnis! Und nur er weiß, wie er für welche Grappa trennen muß: Das absolut reine Herzstück braucht schließlich eine kleine Idee des aromahaltigen Vor- und Nachlaufs. Die richtige Begrenzung ist die ganze Kunst...
Die rundende Lagerung in Fässern, unter Zollverschluß, ist nochmals kostspielig, denn dabei geht Alkohol verloren: der Anteil der Engel.

ÜBER GESCHMACK läßt sich bekanntlich streiten. Und das tun die Toskaner denn auch aus vollem Herzen! Niemals aber zweifelt hier jemand daran, daß für eine gute Tafel erstklassiges Gemüse viel wichtiger ist als jedes Fleisch. Deshalb freut man sich nach den kargen Wintermonaten an den wieder reich bestückten Frühjahrsmärkten, die in den herrlichsten Grüntönen erstrahlen: Jetzt sind frische, zarte Blätter und knackige Sprossen gefragt …

Riesige, kilometerlange Felder eßbaren Grüns dehnen sich in den fruchtbaren Flußniederungen der nördlichen Maremma, des Arno und des Serchio. Großbetriebe erzeugen Artischocken und Spargel für die Konservenindustrie. Salate und Kräuter werden in solchen Mengen angebaut, daß einem schwindelt. Wer wird das nur alles essen?

Keine Angst! Die frischen Gemüse sind jetzt die Basis der Küche, werden nicht nur in Mengen verzehrt, sondern auch großzügig geputzt. Weil man weiß, daß die äußeren Blätter und Stiele das eigentlich Genießbare frischhalten, kommen sie stets mit auf den Markt. Erst dort schneidet man Stiele und Blätter ab.

Nicht der optische Eindruck verlockt die Menschen zum Kauf, sondern erst die sorgfältige Prüfung. Wie fest, wie knackig, wie welk oder wie locker ist der Salat, wie prall und straff das Gemüse? Vielleicht probiert man auch ein Stückchen, auf jeden Fall aber unterhält man sich mit dem Händler oder der Händlerin ausführlich über Herkunft und Anbaumethoden. Vor Umweltverschmutzung, vor Pestiziden und Herbiziden hat kaum einer Angst – vielleicht manchmal zu Unrecht, denn eine gewisse Fahrlässigkeit im Umgang mit Spritzmitteln und Giften kann man allenthalben noch immer beobachten, obwohl sich auch in Italien ein neues Bewußtsein für ökologisch vertretbare Lösungen breit macht. Im großen und ganzen aber gilt: Da das äußere Erscheinungsbild der Produkte für nicht so wichtig gehalten wird wie der Geschmack, spart man sich für den Inlandsmarkt den Einsatz der teuren Chemikalien. Schönes wird für den Export unter Einsatz aller erlaubten (und manchmal die Grenzen überschreitenden) Mittel produziert. Für den heimischen

GEMÜSE, KRÄUTER, SALATE: GESUND UND WOHLSCHMECKEND ZUGLEICH!

Markt läßt man alles einfach wachsen, wie Boden, Wetter und der liebe Gott es wollen. Außerdem wird der tägliche Markt weniger von Großbetrieben als von kleinen Bauern beliefert. Mit den Produkten, die als »nostrani«, als die »einheimischen« bezeichnet werden.

Hinzu kommt das Sammeln: Löwenzahn und Wegerich, Brombeertriebe und Hopfensprossen, Meerrettich und Wiesenknopf, Nesseln, Rauke und Raute – alles nicht nur gut, sondern auch gesund! Das Wissen darum haben hier nicht nur die alten Bauern und Bäuerinnen oder alternative Naturapostel, wie bei uns, sondern ist voll und ganz in der diätetisch sehr beschlagenen Bevölkerung verankert: Es sind gelebte Ernährungsweisen, ein in Jahrhunderten gewachsenes und über Generationen weitergegebenes Wissen um die Kräfte der Natur.

Was uns erstaunen mag, ist die Tatsache, daß die meisten Gemüse sehr stark verkocht werden, man sie keineswegs so al dente ißt, wie man das erwartet – ein Teil der Vitamine wird dabei natürlich vernichtet. Aber gerade die wilden Blätter und Schößlinge wie auch die heimischen Gemüsesorten aus alten Samen sind oft viel fester in der Struktur und brauchen die längere Kochzeit, um überhaupt genießbar zu werden. Da man ja viel Gemüse ißt, nimmt man auch genug Vitamine zu sich – und ergänzt das fehlende durch reichliche Mengen des gesunden Olivenöls.

Spargel ist das bei weitem beliebteste Frühlingsgemüse. Selten findet man den bei uns üblichen weißen, man zieht die kräftiger, gemüsiger schmeckenden grünen Stangen oder die violettköpfige Sorte vor. Noch begehrter ist der wilde Spargel, der oft nicht dicker als eine Stricknadel wird. Er hat ein intensives Aroma, ist aber selten geworden, weil die Bauern das Unterholz nicht mehr zum Verfeuern ausputzen. Wo aber Kahlstreifen angelegt werden, um die Ausbreitung von Waldbränden zu verhindern, sprießt er wieder häufiger! Artischocken gehören bis in den Sommer zu den Delikatessen des Alltags, denn sie zählen zu den billigeren Gemüsesorten; ganz anders als bei uns, die wir auf Importe angewiesen sind. Deshalb schält man die Herzen großzügig und bereitet daraus Risotti, Saucen, Gemüse und zartbittere Salate.

Auch Zucchiniblüten können Basis für einen Frühlingsrisotto sein. Die ersten Palerbsen gibt es hingegen als Beilage oder sogar als freudig beachteten Hauptgang eines festlichen Mittagsmahls, denn sie wiederum sind auch in der Toskana teuer; erst mit den später reifenden Markerbsen bereitet man ein Risotto oder eine Gemüsesuppe. Mit den zarten Salaten, Spinat- und Kohlblättchen gehen die toskanischen Hausfrauen nicht sparsam um – ein erfrischender, möglichst ein wenig bitterer, das Blut reinigender Salat gehört jetzt zu jeder Mahlzeit. Aber in den Restaurants spielen diese Salate keine große Rolle; sie werden nicht immer angeboten, sondern man muß danach fragen. Das typischste Gemüse der Toskana schließlich ist der Schwarzkohl, der vielen Suppen charakteristischen Geschmack verleiht, als Mus oder Blattgemüse die Schmorgerichte perfekt begleitet.

SAN GIMIGNANO: ZU STEIN GEWORDENER STOLZ

DIE TÜRME dieser mittelalterlichen Kleinstadt auf einer Hügelkuppe westlich von Siena sind weltberühmt geworden. Etwas kühn und ziemlich unsinnig hat man sie das »Manhattan der Toskana« genannt – »Rothenburg ob der Elsa« wäre richtiger: Auch San Gimignano ist eine voll auf Tourismus ausgerichtete Stadt, fein säuberlich herausgeputzt, ein Denkmal seiner selbst. Und auch hier wälzen sich Ströme von Touristen durch die Gassen, ausgespuckt von in endlosen Schlangen die Serpentinen heraufkeuchenden Bussen.

Dennoch: San Gimignano ist eine schöne, eine eindrucksvolle, eine liebenswerte und eine fröhliche Stadt. Ihren Ruhm verdankt sie der simplen Tatsache, daß sie in Vergessenheit geriet, als sie auf dem Höhepunkt ihrer Entwicklung angelangt war: Wie alle Stadtrepubliken hatte San Gimignano ein schönes Rathaus, und die reichen Familien bauten sich Paläste. Da sie alle miteinander zerstritten waren, mußten sie ihre Bauten befestigen, wehrhaft ausbauen. Und als Demonstration der Macht wollte man so hoch hinaus, wie man es sich leisten konnte. 72 Türme gab es einst – heute stehen noch 15 von ihnen. Der Rest fiel, wie in den anderen Städten auch, der Spitzhacke zum Opfer. Die sich erhalten haben, verdanken ihr Schicksal der Gleichgültigkeit von Florenz, zu dem San Gimignano seit 1352 gehört: Man ließ den Familien ihren Kleinkrieg, weil die hier durchführende Frankenstraße durch bequemere, anders verlaufende Verbindungen ersetzt wurde. Und so blieb deren Stolz bis heute erhalten.

Der einstige, allseits begehrte Reichtum von San Gimignano war die Safrankultur. Man brauchte diesen wertvollen Stoff, die Blütenstempel einer Krokussorte, nicht zum Würzen, sondern zum Färben von Stoffen.

Ein hervorragender Weißwein wird rund um die Stadt angebaut – manchmal noch nach der alten Methode, bei der die Weinreben in die Äste von immer wieder neu kupierten Maulbeerbäumen gezogen werden. Bessere Qualitäten allerdings liest man in den schnurgerade gezogenen Reihen neuer Rebgärten.

Ohne das Geld von Touristen hätte das abgelegene, wegen seiner Abhängigkeit von der Landwirtschaft einem sicheren Untergang geweihte San Gimignano nicht überleben können. Freilich hat es dafür einen Preis zu entrichten, muß die Sucht aller Touristen der Welt nach Kitsch, »Kunst« und Tand befriedigen. Tatsächlich lebt heute eine große Zahl von Menschen vom Verkauf billiger Importware aus Südostasien und Afrika, nicht wenige jedoch von ihren eigenen mehr oder weniger künstlerischen Erzeugnissen, darunter auch eine ganze Menge Alternative und Aussteiger.

Die Bewohner von San Gimignano ertragen den endlosen Strom der Besucher mit südlicher Fassung, die Alten genießen sogar die Möglichkeit eines ihren eintönigen Alltag aufheiternden Schwätzchens. Die Touristen allerdings, die gerne viel Geld ausgeben, sind seltener geworden: San Gimignano ist eben kein exklusiver Ort, sondern Tummelplatz der Massen- und Rucksacktouristen.

Nicht großartige Einzelkunstwerke, wie in den anderen berühmten Städten der Toskana, sondern der wirklich einzigartige Gesamteindruck macht den Reiz von San Gimignano aus. An jeder Ecke entdeckt man kleine, liebevoll restaurierte Ausschmückungen, hübsche Ornamente, reich gefaßte Torbögen, marmorne Büsten und Gesimse, eiserne Beschläge oder einen messingglänzenden Türklopfer.

ES GIBT Orte, die sind durch und durch geprägt von den Menschen, die dort leben. Monsanto, der »heilige Berg«, ist so ein Ort: vor zwanzig Jahren noch ein verfallenes Anwesen, das Herrenhaus stark angegriffen; auch, weil es Ende des Zweiten Weltkriegs in die Verteidigungslinien der sich vor den Alliierten verschanzenden Deutschen geriet. Die dazugehörigen Bauernhäuser marode, verlassen von den verarmten Mezzadri, den Halbpächtern, die in ihren unbequemen Höfen nicht mehr wohnen wollten. Der Weinbau heruntergekommen, die Stützmauern eingestürzt, die Olivenhaine verwahrlost, die Gärten versteppt.

Fabrizio Bianchi kaufte alles für relativ wenig Geld und steckte viel hinein. Die Villa wurde saniert, ein kleines Haus nebenan mit Heizung ausgestattet und als gemütliches Winterhaus ausgebaut. Die nur mit Kaminen heizbare, ansonsten aber inzwischen mit jedem modernen Komfort versehene Villa wird im Sommer bezogen – und dann mit vielen Gästen. Ein Swimmingpool mit Orangerie, ein weitläufiger Garten mit herrlichen Ausblicken – an klaren Tagen sieht man ferne die Skyline von San Gimignano.

Und der Weinbau wurde reaktiviert: Mit enormem Aufwand ließ Fabrizio einen zuvor mit Terrassen und Stützmäuerchen gestuften Weinberg glätten. So entstand der neue »Poggio«, eine Bergkuppe, die heute dank des Bodens und Kleinklimas als absolute Spitzenlage in der Toskana gilt. Mächtige, gehaltvolle Weine wachsen hier, die ausgezeichnet altern und dabei den begehrten Teer-Geschmack entwickeln.

Monsanto ist heute ein wahres Mustergut. Fabrizio probiert die verschiedensten Weinsorten aus, experimentiert mit den unterschiedlichsten Möglichkeiten des Ausbaus und des Verschnitts. Er war einer der ersten, der mit kleinen Fässern aus neuer Eiche, den sogenannten »Barriques«, arbeitete, verzichtete vor den anderen Winzern auf die traditionellen Anteile von Weißwein im Chianti Classico und begann schon in der Mitte der 80er Jahre, seine früh und mit ausgeprägter Säure

MONSANTO: GIULIANA UND FABRIZIO BIANCHI

geernteten Weißweine zu versekten. Heute macht er einen Spumante, der sich neben einem Champagner nicht zu schämen braucht.

Giuliana kümmert sich um Haus und Garten. Zum Gut gehört eine ganze Gruppe von Gebäuden, fast ein Dorf – das sind die ehemaligen Bauernhäuser der Halbpächter, die inzwischen alle renoviert sind, hübsch ausgebaut und eingerichtet teils für die (erwachsenen) Kinder, teils um als Ferienhäuser vermietet zu werden. Viel Arbeit für Giuliana, leidenschaftliche Köchin und berühmte Gastgeberin, die fast ausschließlich alte toskanische Gerichte serviert. Dabei stehen für sie die traditionellen Zubereitungsweisen gleichberechtigt neben modernen, leichteren Abwandlungen.

Monsanto ist Zweitwohnsitz – ihr Geld verdienen die Bianchis in Mailand mit einer Fabrik für Spitzen. Stoffe, deren Erfolg stark vom Diktat der Mode abhängt. Den stressigen Job im hektischen Mailand hat Fabrizio inzwischen seinen Kindern uberlassen. Denn wenn Romantik gefragt ist, laufen sowohl die Maschinen als aus auch die Renovierungsarbeiten auf Hochtouren. Vielleicht wird Fabrizio es sich leisten können, sich einen Traum zu erfüllen: jenen unterirdischen Gang wieder freizulegen, der die Villa mit dem kleinen Winterhaus verbindet; er wurde damals bei den letzten Kriegsgefechten verschüttet.

Seit er in seinem Betrieb mehr Berater als leitender Manager ist, genießen die Bianchis Monsanto, leben in toskanischer Ruhe. Fabrizio hat jetzt Zeit, sich um seinen Wein zu kümmern. Der bringt inzwischen auch Geld: Die Investitionen zahlen sich aus. Denn das ist das schicksalhafte, allgegenwärtige Paradoxon der Toskana – wer Geld investieren kann, darf mit Gewinn rechnen. Wer aber kein Geld hat, bleibt immer arm.

IM HERZEN der Toskana, zwischen Florenz und Siena, liegen die weitgeschwungenen Hügelketten des Chianti. Hier wächst, meist zwischen 300 und 550 m Höhe, der berühmteste Wein Italiens, der nach der Landschaft benannte »Chianti classico«. Jener klassische Chiantiwein, der so gerne besungen, aber ebenso oft nachgemacht wurde.

Die Winzer dieses Herzstückes der Toskana taten sich daher bereits 1924 zusammen und gründeten ein Konsortium, das über die Qualität des Chianti classico wacht: Nur wenn der Wein hier gewachsen ist und bestimmte Mindestanforderungen erfüllt, darf er sich classico nennen. Und als Beweis für seine Echtheit bekommt er ein Siegel mit dem schwarzen Hahn, italienisch »gallo nero«. Dieser in Jahrzehnten eingebürgerten Bezeichnung machte 1992 die kalifornische Winzerfamilie Gallo den Garaus: Zwar darf der Hahn als Zeichen weiterhin verwendet werden, aber das Wort »gallo« ist nicht mehr zulässig, weil die Familie Gallo ihn sich als eingetragenes Warenzeichen hat schützen lassen. Auf »classico« ist also zu achten.

Das ist wichtig, denn in fast der ganzen Toskana wächst ein Wein, der »Chianti« heißen darf. Je nach Gebiet trägt er eine weitere Kennzeichnung: »colli fiorentini« (den Hügeln um Florenz), »colli senesi« (um Siena), »Rufina« (nordöstlich von Florenz), »colli aretini« (bei Arezzo), »colline pisane« (südöstlich von Pisa) und »Montalbano« (im Gebirgszug westlich Florenz und Pistoia), und unterliegt dann ebenfalls präzisen Qualitätsanforderungen. All diese Weine kommen also aus kontrollierten Anbaugebieten, **D**enominazione di **O**rigine **C**ontrollata e **G**arantita - tragen also das Gütesiegel *DOC* oder *DOCG*. Außerdem gibt es noch den nur »Chianti« genannten Wein, eher anspruchslos und nicht selten abgefüllt in der bekannten bauchigen, mit Bast (Plastik) umwickelten Flasche, italienisch »fiasco« genannt – und ein Fiasko kann man nur zu leicht erleben, wenn man den kauft.

Der Begriff »Chianti classico« taucht zwar bereits um 1400 auf, doch erst der Ba-

CHIANTI: CLASSICO MIT SCHWARZEM HAHN

rone Bettino Ricasoli »erfand« seine Zusammensetzung und Kellertechnik gegen Ende des letzten Jahrhunderts, indem er den bis vor kurzem üblichen Mischsatz aus roten Trauben (Sangiovese und Canaiolo) und weißen Sorten (Trebbiano und Malvasia) festlegte. Damit war der Chianti der einzige große Rotwein der Welt, der mit einem Anteil von weißen Trauben gekeltert wurde. Der einfache Grund: Weiße Reben tragen mehr als rote, die Pächter konnten den Grundbesitzern also mehr abliefern. Außerdem machten die milden Weißweine die harten Roten schneller trinkbar. Heute hat man den Gehalt an weißem Most reduziert, die führenden Winzer verarbeiten nur rote Trauben. Moderne Kellertechnik führt, auch ohne Weißweinanteil, zu angenehm frischen, betont fruchtigen und nach Veilchen und Rosen duftenden Chiantiweinen.
Zum althergebrachten Chianti gehörte auch der »Governo«, die »Regierung« des Weins: Man gab dem rasch durchgegorenen Wein ein Konzentrat aus getrockneten Trauben zu und löste damit eine zweite Gärung aus, die auch den Alkoholgehalt hob. Das Verfahren ist heute weitgehend unüblich geworden – man legt mehr Wert auf absolut gesundes Lesegut, achtet auf geringen Ertrag, der die Inhaltstoffe der Trauben beträchtlich konzentriert. Dadurch sind die Weine heute fruchtiger, extraktreicher, dichter und dunkler als früher. Vor allem die nur in guten Jahren produzierten, länger gereiften Weine mit dem Zusatz »riserva« gehören wieder zur internationalen Spitze. Neben ihnen spielen auch die hochwertigen, aber, was Rebsorten und Weinausbau betrifft, nicht den gesetzlichen Vorschriften entprechenden, als »Vino da Tavola« deklarierten Weine eine bedeutende Rolle. Mehr davon an anderer Stelle (Seiten 108–109, 118–119, 163–165, 170–171, 176–177, 196–197, 224–225).

Die Landschaft des Chianti hat sich in den letzten Jahren stark verändert: Nicht mehr kleine Terrassen mit Stützmauern gliedern die Flanken der Hügel, sondern große, leichter zu bewirtschaftende Weinberge ziehen sich die Hänge hoch. Dabei haben lange Rebzeilen mit Drähten an Holz- oder Betonpfählen die althergebrachten, gestutzten Bäume abgelöst, an denen die Reben Halt fanden (wie im Vordergrund des linken Bildes zu sehen). Die weißen Trauben werden heute nicht mehr zusammen mit den roten gekeltert, sondern getrennt gelesen, und zwar sehr früh, so daß ein möglichst hoher Gehalt an Säure die Weine frisch und elegant macht. Der Chianti classico erfuhr durch die moderne Kellertechnik in den letzten Jahren eine enorme Qualitätssteigerung. So werden heute die Trauben entrappt, also die Beeren ohne Stiele vergoren, so daß keine grünen, harten Gerbsäuren in den Wein gelangen, die

früher eine lange Reifung nötig machten. Durch ausgiebigen Schalenkontakt des Mostes mit den Beeren und kontrollierte Gärtemperatur erreicht man eine tiefe Farbe und hohe Konzentration reifer Säuren. Das sich anschließen de Lagern im Holzfaß kann für eine weitere Abrundung durch die Tannine des Holzes sorgen. Größten Wert legen die wissenschaftlich ausgebildeten Weinberater, die Oenologen, die jedes Gut beschäftigt, aber auf die richtige Auswahl der Rebstöcke: Man hat heute für fast jede Bodenbeschaffenheit ganz bestimmte Klone der wichtigsten Rebsorte, des Sangiovese, selektiert und steuert so die Qualität der Weine bereits vom Rebberg her. Bei starkem Anschnitt bilden die Stöcke weniger Trauben, die dadurch um so konzentriertere Moste liefern: Wer Qualität will, muß auf Quantität verzichten können!

GREVE: MARKT UND MENSCHEN

ES WAR einmal eine verschlafene Kleinstadt, Zentrum einer begrenzten Region südlich von Florenz. Auf dem Markt kauften die Wein- und Olivenbauern der Gegend ein. Wurzeln, Blätter, Blüten und Rinden wurden für medizinische und kosmetische Zwecke von Sammlerinnen angeboten. Und man traf sich, schwatzte, tauschte Neuigkeiten aus und ging in die Bar, um einen Wein zu trinken.

Heute ist der Platz normalerweise vollgeparkt mit Autos, die Hälfte davon ausländischer Herkunft. Man geht in die Bar und trinkt Cola, Espresso oder Capuccino. Auf dem samstäglichen Markt wird alles angeboten, was man als Winzer, Olivenbauer oder Urlaubshausbesitzer so brauchen kann. Sie kommen, betasten, handeln, reden, gestikulieren, schauen, tauschen Neuigkeiten aus, tratschen, frönen übler Nachrede, schimpfen auf die Regierung, lesen christliche und kommunistische Zeitungen, freuen sich an hübschen Nordländerinnen, finden deren bleiche Männer blöd, probieren ein Moped aus, einen neuen Rasenmäher, eine dünnere Strickjacke – denn Sommer ist erst ab Ende Juni, und bis dahin wird man noch frieren; nur Touristen laufen schon Anfang Mai fast nackt herum.

Markt: Fisch und Fleisch, Blumen und junge Pflanzen, Unterhosen und Büstenhalter, Hausrat und Kosmetik, trillernde Vögel und kreischende Kofferradios. Bauern und Touristen kaufen in krassem Gegensatz, Einheimische und Florentiner in fast unauflöslicher Verschmelzung. Der alte Pfarrer, freundlich und froh über den schönen Tag mit den bunten Frühlingsfarben ... Glücklich die »ragazza«, das Mädchen, dessen Freund heute herausgekommen ist und sie auf dem knatternden Moped entführt. Markt ist, die Menschen leben auf. Und die Alten gehen dann in die Bar und trinken einen Wein, die Jungen eine Cola, die Touristen ihren Cappuccino.

»Bunt und billig!« scheint, auf den ersten Blick, das Motto auf den Märkten in Italien zu sein. Aber der Schein trügt: Es gibt so ziemlich alles in sehr verschiedenen Preislagen – vom superbilligen Spezialangebot bis zur soliden Ladenqualität, für die man im Stadtgeschäft das gleiche bezahlt. Der Markt hat hier eben wirklich noch die Funktion eines Kaufhauses, so daß man in der Provinz fast dasselbe bekommt wie in der Stadt. Freilich fehlen die wirklich eleganten und teuren Sachen, für die man entweder auf dem Lande sowieso keine Verwendung hat, oder die sich die jungen Leute in der Boutique nebenan oder gleich in Florenz kaufen.

Neben Kleidung und Hausrat sind die Lebensmittel natürlich elementarer Teil des Marktes. Gerade auf dem Lande konnten sich Delikatessen- und Spezialgeschäfte früher gar nicht und heute nur dann halten, wenn eine interessierte Kundschaft da ist – im Falle von Greve sind das fast ausschließlich Feriengäste und die ausländischen Hausbesitzer. Deshalb konnte man früher auf dem Markt all das einkaufen, was die ortsansässigen Geschäfte nicht boten. Heute ist das also anders geworden, doch die Gewohnheiten sind geblieben: Die Einheimischen kaufen sich ihre Sachen auf dem Markt, und die Fremden gehen in die Geschäfte. Wurst und Käse, Gemüse und Salate sehen dort vielleicht schöner aus, sind aber gewiß nicht besser. Aber dafür teurer – wollen die Touristen nicht geschröpft werden?

Eine Spezialität, die auf den Märkten Mittelitaliens – in der Toskana, in Umbrien und rund um Rom – nicht fehlen darf, ist die Porchetta, das Spanferkel. Wer einmal davon gekostet hat, wird es nie wieder missen wollen: gefüllt mit den Innereien, mit köstlichen Mengen von Knoblauch und Rosmarin gewürzt, sehr kräftig gesalzen und perfekt, also ganz langsam kroß gebraten: ein Gedicht! Wer auf dem Markt von Greve etwas bekommen will, muß sich in Geduld üben. Eine halbe Stunde muß man fast immer anstehen, wobei man unbedingt gleich kund tun sollte, daß man auch etwas kaufen und nicht nur zusehen möchte. Kenner lassen sich verschiedene Teile auf das frische Brötchen legen: etwas mageres Fleisch von der Keule, ein wenig fetten Bauch, ein Stückchen knusprige Kruste, ein Scheibchen würzige Leber, ein paar Knoblauchzehen und von der rosmarin-würzigen Füllung.

Ein Marktplatz ist für alle und für alles da, dient nicht nur der Befriedigung leiblicher Bedürfnisse, sondern ebenso der Begegnung, dem Gespräch und dem Spiel. Hier treffen sich vor allem die außerhalb der Stadt auf den Höfen und bei den Villen wohnenden Frauen, tauschen Neuigkeiten aus und lästern: Toskaner wie Toskanerinnen sind berühmt für ihre Klatschsucht und Boshaftigkeit.

In der Bar finden sich schon vormittags die Männer ein, trinken einen Espresso oder ein Glas Wein, ein Bier oder eine Grappa. Ihr Tag ist aber eigentlich nicht der Samstag mit Markt, sondern der Sonntag, wenn sie von der Jagd kommen, fischen werden, eine Radtour gemacht haben oder über Sport und Politik reden. Da geht's dann laut und heftig zu! Wer dem entgehen will, setzt sich raus und liest seine Zeitung...

Viareggio ist ein typisch italienischer Badeort: ein totales Chaos, eine fast immer laute, oft lärmende, mal feine, mal ordinäre Stadt. Der große Corso entlang des Meeres, der Lungomare, sollte vielleicht der Muße dienen und zum Flanieren einladen; tatsächlich ist er zu den dazu am besten geeigneten Zeiten mit Autos verstopft und von Abgasen erfüllt. Aber die Italiener schaffen es mühelos, den Trubel nicht zu bemerken und sich in eine Zeitung zu vertiefen. Es macht ihnen auch überhaupt nichts aus, sich im eleganten Kleid durch Gruppen von Jugendlichen mit T-Shirts in elegante und teure Läden zu drängeln.

Die Toskaner sind eher tolerante Menschen, wie man immer wieder feststellen kann. Sie scheinen den Touristen sogar nachzusehen, daß sie halbnackt aus den exklusiven Strandbädern strömen und in Badekleidung die Cafés und noblen Hotelterrassen bevölkern, obwohl sie selbst das niemals tun würden. Allerdings essen sie erst sehr spät zu Abend und gehen danach keineswegs gleich zu Bett: Ganz Viareggio scheint bis zwei Uhr nachts auf den Beinen zu sein, vor allem die Jugend auf ihren offenbar als wundervoll laut empfundenen Mopeds. Im Badeort wollen die Italiener sich nicht entspannen, sondern etwas erleben...

Viareggio besteht aus zwei verschiedenen Stadtteilen, ist im Norden der mondäne Badeort, im Süden umtriebiger Industrie- und Fischereihafen mit Werften. Vor allem Sardellen werden hier reichlich angelandet und zum größten Teil gleich eingesalzen und zu Anchovis verarbeitet. Als ungemein köstliche Delikatesse servieren gute Restaurants ganz frisch gefangene Sardellen roh: Sie werden filiert, leicht mit Meersalz bestreut, mit Zitronensaft und

reichlich Olivenöl beträufelt und mit Petersilie, manchmal frischem Knoblauch gewürzt. Diese Alici marinati sind aus lebensmittelrechtlichen Gründen verboten, dürften eigentlich nur aus konservierten Filets bereitet werden, aber in Italien nimmt man Gott sei Dank nicht alle Gesetze ernst. Wer sich an die rohen Sardellen nicht herantraut, genießt sie gebraten, freut sich an Sardinen, Scampi, Muscheln und Brassen!

WELCH EIN seltsamer Ort! Auf einsamer Höhe gelegen, von den Winden des Meeres umweht wie keine andere, eine der ältesten Stätten toskanischen Lebens. Frühe Funde weisen auf die Bronzezeit, als Velathri wurde es eine der Hauptstädte der Etrusker, die Römer bauten sie weiter aus. Hier steht das wahrscheinlich älteste Rathaus der Toskana, wurde im ausgehenden Mittelalter eine geradezu himmlische Harmonie zwischen eindrucksvollen Prachtbauten, gemütlichen Gassen und lose aufeinander folgenden Plätzen erreicht. Und doch: So abgelegen in der wilden Erosionslandschaft des kahlen, ausgewaschenen Ton-Gebirges, angenagt und schon teilweise verschlungen von diesen »Balze« genannten Schluchten, wie versunken in die eigene Vergangenheit, erscheint die Stadt erst heute: Jahrhundertelang hatten die frischen Winde Volterra Gesundheit und damit Bedeutung zugeweht. Die nach Westen in die Maremma abfallenden Täler dagegen waren pest- und malariaverseucht. So bauten die Medici hier ihre am weitesten vorgeschobene Festung in den blauen Himmel: um die Eisen- und Schwefellager der sich nach Süden bis Massa Marittima dehnenden Colline Metallifere, des toskanischen Erzgebirges, zu beherrschen. Inzwischen ist in der Zitadelle ein berüchtigtes Gefängnis untergebracht. Die gewaltige Zwingburg bleibt bestehen. Heute sind es vielmehr Touristen, die die Stadt durchströmen, wandernd auf den Spuren der Etrusker und der Römer. Von den einen zeugen die gewaltige Stadtmauer und das Museum Guarnacci, von den anderen das gut erhaltene Theater mit grandiosem Ausblick über Maremma und Meer bis nach Korsika. Volterra lebt zwar heute vom Tourismus – doch nicht die Massen von San Gimignano fallen hier ein, sondern eher individuell Reisende, die auch für gutes Essen etwas übrig haben. So gibt es mehrere einfache, aber solide Restaurants, in denen die althergebrachten Gerichte der Umgebung auf den Tisch kommen.

Berühmt ist Volterra für seinen Alabaster, eine schneeweiße, durchscheinende Art des Gipses. Die Souvenirgeschäfte sind voll von den unglaublichsten Gegenstän-

VOLTERRA: HIMMEL UND HÖLLE

den. Beliebt ist der Löwe, Zeichen der Florentiner Macht, auch hier in Volterra allgegenwärtig. Vielleicht verbirgt sich hinter dem rätselhaften Ausdruck seines Maules eine etruskische Chimäre, aufgestiegen aus den Gräberschluchten vor der Stadt? Ist es das tiefgründige etruskische Lächeln, dessen späten Abglanz Leonardo, aus dem westlich von Florenz gelegenen Vinci stammend, in der Mona Lisa verewigt hat? Schade, daß man in all dem Kram nur wenig schöne Sachen findet; viel Kitsch wird aus dem kühlen, opakschimmernden Material geschnitten, oftmals auch noch bunt eingefärbt, als ob man die weiße Transparenz scheue. Jedoch die Touristen kaufen's und tragen es in alle Welt.

Fährt man von Volterra in Richtung Süden, vorbei an den Salinen, die einst die ganze Toskana mit Salz versorgten, erreicht man nach 30 Kilometern Larderello, eine abenteuerliche Gegend, durchquert von Rohren, dampfend und prustend. Hier steht die größte geothermische Anlage der Welt, aus Wasserdampf wird Strom erzeugt. Das Zischen der Solfataren, der Schwefelquellen, die übelriechenden Dämpfe, das Blubbern des heißen Schlamms, die feuerspeienden Erdspalten ließen Dante, Toskaner und Schöpfer der italienischen Hochsprache, glauben, hier sei der Eingang zur Hölle …

Bei Volterra befinden sich einige der wenigen Alabastervorkommen Europas. Schon die Etrusker benutzten diesen weißen, weichen Gips, der sich so gut bearbeiten läßt, für Skulpturen, Vasen, Monumente. Ihre Blütezeit erlebten die Alabasterkünstler im letzten Jahrhundert. Heute kommen zwar mehr Menschen, die Geld für so etwas ausgeben können, aber inzwischen ist der Souvenirmarkt überschwemmt von billigeren Plastiknachahmungen

aus Asien. Statt ihnen Objekte entgegenzusetzen, die sich in Form und Schönheit davon deutlich unterscheiden, versucht man das Naturprodukt dem industriellen anzugleichen, indem man es nicht nur scheußlich einfärbt, sondern auch noch mit Kunststoff überzieht. Eine der größten und besten Werkstätten in Volterra, Alabastri Rossi, ist übrigens gleich beim Römischen Theater. Wer interessiert ist, kann auch sie besichtigen.

EIN PLATZ der Wunder, die Piazza dei Miracoli: Wer sie vom Stadtzentrum her kommend betritt, geht genau auf den berühmten Turm zu und ist beruhigt – so schief ist er gar nicht. Aber blendend der Marmor aus Carrara! Überirdisch, eben wunderbar, der Zusammenklang von grünem Rasen, weißem Stein, azurblauem Himmel.

Man wendet sich dem Dom zu, dem Baptisterium, dem Campo Santo, dem kreuzgangartig im Viereck angelegten Friedhof. Dreht sich um und erschrickt: Der Turm ist doch wesentlich schiefer, als man dachte. So abenteuerlich geneigt, daß man sich fast körperlich bedroht fühlt. Merkwürdig die Anziehungskraft dieses Wahrzeichens der Stadt, zugleich angsteinflößend und anziehend, einladend zum Hinaufsteigen. Aber man darf nicht mehr... Traut man sich wenigstens nahe dran, fällt er nicht vielleicht gerade jetzt um?

Schulerinnerungen: Schon während des Baus sank der Turm auf dem unsicheren, eben dem Meer abgetrotzten Boden zur Seite. Man baute ab dem dritten Geschoß korrigierend – der Turm ist nach oben hin immer weniger schief, die Spitze fast senkrecht.

Einer der berühmten Söhne der Stadt, Galileo Galilei, seit 1589 Professor an der 1343 gegründeten Universität, hat hier seine Gesetze des freien Falls entwickelt. Die Stadt konnte es ihm nicht danken: Sie war 1406 von Florenz erobert worden, also unfrei. Und die Medici verbannten Galilei auf sein Landgut Arcetri bei Florenz – Berufsverbot. Nachdem er widerrufen hatte, weil er gerne lebte und, wie alle Pisaner, so gerne aß. Im Jahre des Herrn 1992 hat die katholische Kirche sich dazu durchringen können, Galilei zu rehabilitieren.

Die Piazza dei Miracoli breitete sich nun im Schatten des Florentiner Löwen hin, des Marzocco, dessen Hinterteil die Pisaner als Zeichen ihrer Unterwürfigkeit küssen mußten. Pisa war übrigens nicht mit Waffengewalt erobert, sondern ausgehungert worden: »Mit knurrendem Magen begruben sie ihren Ehrgeiz« (Humbert Fink). Und fanden den Löwen auf seinem Podest häßlich gegenüber der Schön-

PISA:
SCHIEFER TURM UND SCHÖNE FRAUEN

heit ihrer eigenen Bauten. Die Touristen auf der Piazza, Geldbringer für die ansonsten in provinziellem Leben vor sich hindämmernde Stadt. Orgien in Shorts und Shirts. Singend und johlend im echoreichen Baptisterium; betastend die schon 1180 unsagbar teueren, wunderschönen Bronzetüren des Doms; lichtbildend die geliebten Angehörigen, wie sie den Turm »stützen«; Kitsch kaufend in den unsäglichen Kiosken, die sich vor der ehemaligen Pilgerherberge entlangziehen; zwischen den Studenten und Schülern lagernd auf dem erstaunlich gepflegten Rasen. »Mein Gott, Otto, ob dat erlaubt is?«

Pisa – Postkarte und Erinnerung an einstige Größe. Genau 221 Jahre lang war es Weltstadt. Das begann 1063 mit dem Sieg über die bis dahin das westliche Mittelmeer beherrschenden Sarazenen bei Palermo und endete 1284 mit der vernichtenden Niederlage gegen Genua. Zwei Jahrhunderte, die auch heute noch lebendig sind. Nirgendwo in der Toskana sind die Frauen so schön, blicken die Mandelaugen so glutvoll, leuchtet der Teint des Morgenlandes so zart. Auf dem täglichen Markt, lebendiger und orientalischer als anderswo, läßt sich das Gemisch der Völker mit Vergnügen studieren. Ein Besuch hier ist ein Muß – unbedingt vor 12 Uhr mittags: Glutäugige Mädchen präsentieren lachend ihre herrlichen Gemüse; Weiber feilschen mit Hausfrauen um Geflügel und Pilze; ein Fischer preist lauthals seine köstlichen Sardinen, die gleich ausgenommen und gesäubert werden... Einfach alles gibt's! Hier wässert Stockfisch in einem marmornen Becken, dort steht ein riesiges Glas mit winzigen Kapern in Salz, ein Kind verkauft Berge von Knoblauch und im Nudelshop locken schwarze Tintenfisch- und braune Schokoladen-Nudeln. Ganz hinten schließlich ein winziges Restaurant, »Mesquita«, wo es für wenig Geld die köstlichsten Tagesgerichte der Pisaner Küche gibt.

Wer anspruchsvoller essen will, muß sich vom Markt in Richtung Arno wenden: Genau gegenüber dem Ponte di Mezzo, der großen Brücke, welche die Mitte der Stadt anzeigt, befindet sich das eleganteste Restaurant der Stadt, »Sergio«. Sergio Lorenzi, Besitzer und mit Lorbeer und Stern geschmückter Koch, pflegt neben

seinen Kreationen einer verfeinerten Restaurantküche internationalen Zuschnitts weiterhin die typischen Gerichte seiner Heimatstadt. Natürlich beginnt auch hier jede Mahlzeit mit den einfachen Crostini, mit Leber-, Milz- oder Pilzcreme, wie sie auch anderswo serviert werden. Nur: Sergio röstet die Crostini zuvor in Olivenöl schön knusprig!
Spezialität des Hauses sind die wunderbaren Kutteln auf Pisaner Art. Und, während der leider viel zu kurzen Saison, das Köstlichste, was die Gegend bietet: Cée, die ganz jungen Älchen, die noch transparent schimmern und deswegen Glasaale heißen. Zwischen April und Mai kommen sie ein paar Tage lang im Mündungsgebiet des Arno in immer noch verblüffenden Mengen an. Sergios Rezept dafür ist denkbar einfach: Pro Person nimmt er 200 Gramm sorgsam gewaschene und getrocknete Cée und schwenkt sie nur ein paar Sekunden in heißem, allerfeinsten Olivenöl durch, in dem er zuvor eine Handvoll Salbeiblätter und einige Knoblauchzehen angeröstet hat. Noch einen Schuß Weißwein daran und unverzüglich zu Tisch bringen ...
Zum Ristorante mit weinheischenden Speisen gehört die Enoteca mit den passenden Getränken: Sergio verfügt über einen ausgezeichneten Keller mit einer stattlichen Anzahl von Flaschen bemerkenswerter alter Chianti und allen berühmten Weinen der Toskana!
Pisa war die erste »moderne« Stadt in Mittelitalien, der heutigen Toskana. Hier wurde die Idee geboren, daß prächtige Bauten, daß Architektur und Kunst das Ansehen und den Wert einer Stadt bestimmen. Hier etablierte sich zuerst die Form der Stadtrepublik mit einer vom Volk kontrollierten Verwaltung. Aus den eroberten Schätzen, die in Seeschlachten, durch Raubzüge und Besetzungen (letztere unter dem Deckmantel der »Kreuzzüge«) gewonnen wurden, baute man sich die marmorne Pracht: Gleich 1063 beginnt man mit dem Bau des Doms (1118 geweiht, aber erst um 1200 fertiggestellt) als Denkmal des großen Sieges über die Araber, 1152 mit dem Baptisterium, 1175 mit dem Turm. Der Friedhof folgt

schließlich 1278. Die Ausstattung, die nicht minder teuer ist als die eigentlichen Bauten, benötigt Zeit, nimmt die nächsten Jahrhunderte in Anspruch. Dennoch: In seiner Gesamtheit wurde die Anlage von Dom, Campanile, Baptisterium und Campo Santo nirgendwo mehr erreicht. Eine Geschlossenheit, die trotz verschiedener Stilelemente eine Eigenheit besitzt, wie sie nur in dieser Seestadt erstehen konnte: Der romanische Grundstil wird selbstbewußt angereichert mit byzantinischem Glanz und hellenistisch-lichter Weiträumigkeit. Das riesige Kleinod liegt ganz am Rande der alten Stadt. Beim Bau aber, noch im 14. Jahrhundert, grenzte die Anlage ans Meer, dem Pisa Macht und Reichtum verdankte. Doch der Hafen versandete, das Land wuchs, angeschwemmt von Arno und Serchio, den gnadenlosen Flüssen, die von den Pisanern in gewaltigem Aufwand zwar so gebändigt worden waren, daß sie ihr Bett nicht mehr verlassen konnten und die Stadt vor ihren Fluten sicher, gegen deren Anschwemmungen man aber machtlos war: Im 17. Jahrhundert lief das neu gegründete Livorno dem nur noch durch kunstvolle Kanäle mit dem Meer verbundenen Pisa den Rang ab. Heute quirlt in der häßlichen Hafenstadt ein unglaubliches Leben, die Binnenstadt Pisa träumt im ruhigen Glanz alter Schönheit.

Die Piazza dei Miracoli – kein Platz, sondern ein architektonisches Wunder aus Kirche, Friedhof, Baptisterium und Glockenturm: gleichzeitig großartig und schlicht; von gewaltigen und dennoch menschlichen Dimensionen; streng, aber von verhaltenem Charme; von Größe kündend, aber nicht in prunkvoller oder gar aufdringlicher, neureicher Pracht, wie so oft in Florenz, sondern eher vornehm und zurückhaltend in ausgewogenen Details.

In unerbittlicher Präsenz der Schiefe Turm, hier aus Alabaster, dort aus Plastik: als Briefbeschwerer oder Zigarettendose, als Feuerzeug oder Fernsehleuchte, als Cognacflasche oder Rauchverzehrer. Es scheint, als ob die Touristen ihn selbst in der ach so niedlichen Verkleinerung nur dann mit nach Hause nehmen können, wenn er über einen praktischen Zweck seiner nur unnützen »Schönheit« entfremdet wurde. Kunst-Kitsch für den Konsum im trauten Heim… Oder lieber mannshoch für die zum Wunderplatz verzauberte Terrasse? Oder für den Garten, den Nachbarn zur Lust?

SIGNORA NELLA Annichini, so hat man uns gesagt, ist eine der wenigen Toskanerinnen, die noch Pecorino selber machen, also Käse aus der Milch von pecore (Schafen), und zwar auf die alte Art, in der heute selten gewordenen traditionellen Form.

Der Hof der Annichinis ist schwer zu finden. Eine unwegsame Nebenstraße, die irgendwann dann auf einmal noch zerklüfteter wird und sich bergauf in der Macchia zu verlieren scheint, führt den Mutigen schließlich doch zu dem abweisenden Hof, von einem zähnefletschenden, bösartig funkelnden Schäferhund bewacht, der wie Diogenes in einer Tonne liegt.

Die Annichinis haben elf Schafe, die gerade soviel Milch geben, daß es für zwei Käse pro Tag reicht. Einer aus der Morgen- und einer aus der Abendmilch. Jeweils vier bis fünf Liter. Gemolken wird auf der Weide, die Nella Annichini mit dem Fahrrad erreicht. Zu Hause wird die lauwarme Milch mit Lab versetzt. Der Raum hinter der Küche, in dem die Käseproduktion geschieht, riecht deutlich danach. Außerdem, sagt Nella Annichini, sind hier die Bakterien vorhanden, ohne die der Käse nicht gelingen würde.

Es ist viel Arbeit für so ein bißchen Käse. Ein Laib hat gerade ein knappes Kilogramm. Nach sechs Monaten Reifezeit wird er für gut 25 Mark verkauft. Alle Käse in ihrem Reifelager sind längst vorbestellt. Signora Annichini kann gar nicht so viel produzieren, wie sie verkaufen könnte. Ihre Käse sind sehr begehrt. Und trotzdem, lohnt sich das? Sie lächelt und zuckt die Schultern: »Früher haben alle Familien hier ihren Käse selber gemacht, jetzt bin nur noch ich übrig geblieben.« Unvorstellbar für sie, die Milch wegzugeben, ihren Kindern gar gekauften Käse geben zu müssen …

Die »Kinder« sind gerade hereingetobt. Sie sind fast erwachsen, fröhlich, laut, schick, so städtisch und modisch, wie nur in Italien Jugendliche auch auf dem Land sein können, mit dem Selbstbewußtsein ihrer eigenen Geschichte und ihrer Ländlichkeit. Sie finden es großartig, daß ihre Mutter Käse macht. Aber sie lachen amüsiert bei dem Vorschlag, sie könnten es doch auch lernen. Merkwürdig und schade: Da wird eine Tradition gepflegt, die viel Schönes bewirkt – Landschaftspflege durch die weidenden Schafe, Erhaltung eines gewissen Geschmacks, einer Kultur. Die Kinder sind damit großgeworden, lieben und genießen es, finden aber den Gedanken absurd, es ihrerseits weiterzutragen und zu pflegen. Und irgendwann, in nicht allzu ferner Zukunft, wird man die leuchtend gelben, oval wie ein Baseball geformten, echten und typischen Pecorinokäse des Chianti überhaupt nirgends mehr finden. Die zur Herstellung nötigen Keramikformen, wie man sie auf den Photos hier sehen kann, werden inzwischen nur noch in einer einzigen Werkstatt, in Castellina, hergestellt. Meist von den Fremden gekauft und zu Hause wahrscheinlich als Aschenbecher benutzt.

Rund ums Jahr schmeckt der Pecorino natürlich unterschiedlich, je nachdem, was die Schafe auf der Weide haben finden können. Den erklärtermaßen allerbesten Pecorino gibt es von Oktober bis November. Er ist aus der Märzmilch hergestellt, zu einer Zeit also, wo die Schafe die ganz jungen, aber schon saftigen Gräser und Kräuter gefressen haben. Ein solcher Pecorino wird als Marzolino (Märzkäse) angeboten, und er gilt als begehrte Delikatesse. Es gibt davon nur wenig, weil die Schafe um diese Zeit nicht viel Milch übrig haben – das meiste davon brauchen ihre Lämmer.

Die noch körperwarme Morgenmilch wird mit Lab versetzt. Bis zum frühen Abend ist sie dann geronnen, der sogenannte Käsebruch entstanden. Der wird nun mit den Händen tüchtig durchgeknetet. Wie lange, kann Nella nicht sagen, sie spürt, wenn es soweit ist. Dann gießt sie die Molke vorsichtig ab und fängt mit einem Sieb sämtliche Bruch-Kügelchen auf. Vier Liter Milch ergeben genau die Portion, die in die ovale Steingutschale paßt, die dem Käse seine charakteristische Form gibt. Jetzt muß die Käsemasse immer wieder mit der Handfläche in die Form gedrückt werden, damit die Molke herausgepreßt wird und die Käsekügelchen sich zum Käselaib verbinden. Dieser wird dann mit Salz eingerieben, nicht allein für den Geschmack: Das Salz ist mehr noch zur Konservierung nötig. Zwei Tage lang bleibt nun der Käse in dieser Form, damit sich die Masse setzen kann; dabei wird der Laib immer wieder gedreht.

Schließlich werden die Käse in luftige Leinentäschchen gesteckt und zum Reifen in die Speisekammer gehängt. Allerdings müssen die Käse alle zwei Tage in Salzwasser gewaschen werden, damit sich eine feste Rinde bilden kann. Nella hat daher eine Schicht Sägemehl unter der Leinentasche ausgestreut, die das herabtropfende Wasser aufsaugt. Aus der Molke wird Ricotta; »aufgekocht« heißt das übersetzt. Und genau das tut jetzt Nella: Sie erhitzt die Molke sehr langsam. Dabei gerinnt das Eiweiß und klumpt zusammen. Es entsteht, wenn man die Masse in einem Sieb abtropfen läßt, ein wunderbarer Quark. Und was jetzt noch übrig bleibt, die restliche Molke, kriegen die Schafe.

PECORINO AUF NEUE ART

SCHON ZU Beginn des Jahrhunderts kamen aus dem kargen Sardinien die Menschen in die weitläufigere und freundlichere Toskana, weil sie genügend Platz für Schafherden bot (der aber auch leicht durch Abbrennen der lichten Wälder zu schaffen war). Heute sind die Sarden immer noch abweisend und Fremde geblieben, aber die Schafzucht ist fest in ihrer Hand. So sehr, daß der Pecorino, der typische Käse der Region, nicht mehr die ovale Form von früher hat, wie auf der vorigen Seite zu sehen, sondern als runder Trommelkäse produziert wird, wie er auf Sardinien eben üblich war. Inzwischen scheint – verkehrte Welt! – eher der ovale Chiantikäse exotisch.

Natürlich wird der runde Pecorino auf dieselbe traditionelle Weise hergestellt wie auf den Seiten zuvor gezeigt, nur mit einer anderen Form. Gelagert wird auf Holzbrettern. Die Käse werden regelmäßig gedreht, damit die Luft zirkulieren kann. Pecorinokäse, die außen schwarz sind, wurden nach dem Waschen in der ersten Woche in Asche gewendet. Ursprünglich diente die Asche der besseren Haltbarkeit, längst macht man es, weil diese Prozedur ihnen ein zusätzliches Aroma gibt. Pecorino läßt sich übrigens gut lagern, vorausgesetzt, das Klima stimmt: hohe Luftfeuchtigkeit und eine gewisse Temperatur, tags warm und in den Nächten kühl. Ein Marzolino (Märzkäse) beispielsweise, erst im folgenden Jahr verzehrt, dazu ein Glas Chianti – das schmeckt einfach herrlich!

Die runden, trommelförmigen Pecorinokäse haben ihre typische gelbe Rinde durchaus nicht irgendeinem Farbstoff zu verdanken: Sie entsteht ganz von allein, wenn man den Käse reifen läßt und alle zwei Tage mit Salzwasser abwäscht. Wichtig ist dabei, daß die Käse luftig lagern, zum Beispiel auf Holzbrettern, deren poröse Oberfläche die Flüssigkeit, die dem Käse vom Waschen anhaftet, rasch aufnehmen kann. Auch müssen die Käse regelmäßig gedreht und gewendet werden, damit sie gleichmäßig mit der Luft in Kontakt kommen. Nach vier bis sechs Monaten ist ein Pecorino im allgemeinen genußreif. Liebhaber allerdings lassen den Käse noch mindestens weitere sechs Monate reifen, auch noch länger; sie sagen, daß der Käse erst nach einem Jahr seinen wahren Charakter entwickelt hat. Dann läßt er sich auch gut reiben und gibt bestimmten Pastagerichten einen besonders würzigen Geschmack.

DAS BROT in der Toskana ist wunderbar: Es hat eine goldene Kruste und ist innen krumig weich. Doch wer zum ersten Mal hineinbeißt, erschrickt: es ist absolut ungesalzen! Das ist ungewohnt, es gut zu finden nicht ganz einfach. Aber man versteht es bald: Zusammen mit den starken Gewürzen, den übermächtigen Aromen und Düften der toskanischen Küche, kann man auf das Salz im Brot durchaus verzichten. Wenn man damit die intensiven, konzentrierten, eingekochten Fleischsaucen auftunkt, wenn man die Brote geröstet mit dem aromatischen Olivenöl beträufelt, mit frischen Knoblauchzehen bestreicht oder mit den kräftigen Pasten und Cremes für die typisch toskanischen Crostini – dann vermißt man das Salz nicht mehr.

Brot ist in der Toskana das wichtigste, ein Grundnahrungsmittel. Brot spielt bei jeder Mahlzeit eine Rolle, Brot ißt man pur, mit Brot wird gekocht, Brot in der Suppe, Brot in Saucen, Brot als Salat ... Brot immer und überall. Und niemals wird auch nur ein Krümelchen davon weggeworfen! Brot aus den unterschiedlichsten Mehlsorten, vom üblichen Weizenmehl über das weitverbreitete Vollkornmehl (pane integrale/Vollkornbrot), Maismehl, Buchweizenmehl, sogar Kastanienmehl. Brot in den vielfältigsten Formen, zu Zöpfen geflochten, zu Knoten geschlungen oder zu Schnecken gerollt. Brot als flacher Fladen, Focaccia oder Schiacciata (Flachgedrücktes) genannt; immer mit gutem, kräftigem Olivenöl beträufelt. So, daß es sich beim Backen damit richtig vollsaugen kann. Oder – mit gehackten Tomaten, Zwiebeln und Oliven bestreut, bevor es gebacken wird – ganz ähnlich wie eine Pizza.

Daß man sein Brot selber bäckt, ist nichts Besonderes auf dem Land. Viele haben hinterm Haus einen gemauerten Backofen, wie Fidele Annichini (nicht verwandt mit unserer Käsefrau!), der wir beim Backen haben zuschauen dürfen.

Es ist ganz einfach und gar nicht teuer, einen solchen Ofen zu bauen. Die wichtigsten Bausteine für den Innenraum, den Schamottboden und die steingewölbte Ofenöffnung, kann man fertig kaufen.

BROT: EIN ARCHAISCHES VERGNÜGEN

Und natürlich wird der Ofen nicht nur zum Backen genutzt. Wenn viele Gäste zu bewirten sind, wenn beispielsweise die gesamte Verwandtschaft vollzählig beisammensitzt, dann schiebt Fidele in einer verbeulten blechernen Bratenreine ein paar Täubchen, ein junges Kaninchen, eventuell auch ein schönes fettes Hühnchen und ein Stück Lammbraten in die Ofenglut. Die gleichmäßige Hitze, der Duft vom Rebholz, und – natürlich – die Qualität des Fleischs: Das ergibt einen Genuß, wie man ihn als Städter in seiner Etagenwohnung einfach niemals bekommen kann, nicht für viel Geld.
Die Täubchen und Hühner springen bei Fidele rund ums Haus und werden mit Körnern liebevoll gefüttert. Kaninchen und Lamm bekommt sie von Nachbarn, die ebenfalls auf gutes Futter achten, damit aus glücklichen Tieren später mal ein erstklassiger Braten wird. Aber es ist nicht nur die Qualität der Zutaten, die garantiert, daß etwas Gutes daraus wird. Es ist auch Fideles geradezu traumwandlerische Sicherheit; wie jeder Handgriff sitzt, wie sie spürt, wann der Brotteig lange genug geknetet, oder sieht, wann der Braten gar ist.
Zum Beispiel der Teig: Er wird in der großen Mehlschüssel angesetzt, in der der ganze Mehlvorrat aufbewahrt wird. In eine Vertiefung, die sie in die Mitte drückt, gießt sie die mit etwas Wasser angerührte Hefe, vermischt sie mit ein wenig Mehl zu einem dicken Brei. Und stellt die Schüssel gut zugedeckt beiseite. Am nächsten Morgen dann gießt sie noch mehr Wasser hinzu, vermischt es mit dem aufgegangenen Vorteig und soviel Mehl, wie die Flüssigkeitsmenge erlaubt. Den Teigklumpen nimmt sie schließlich aus der Schüssel, in der noch genügend Mehl für den nächsten Backtag oder die nächste Nudelproduktion zurückbleibt. So braucht sie niemals eine Waage. Ihre Hände wissen schließlich viel besser, wann der Teig die richtige Beschaffenheit hat. Denn das Mehl braucht nicht immer gleich viel Flüssigkeit. Mal schluckt es mehr, mal weniger. Das hängt nicht nur von seiner Herkunft und seinem Alter ab, sondern auch vom Wetter, das heute herrscht, ob die Luft trocken ist oder eher feucht …

Es ist eine Freude, ihr zuzusehen, wie sie den Teig zuerst energisch anpackt, ihn knetet, formt, ihm ihren Willen aufdrückt; und, sobald sie mit ihm zufrieden ist, wie sie ihn liebevoll und behutsam wie ein Baby streichelt und in die Tücher packt, damit er, warm und geschützt, sich wohl entwickeln kann.
Fideles Tochter Marcella kehrt heim, sie hat als Tankwart Sonntagsdienst, es ist Mittagszeit. Pauline hat inzwischen den Tisch auf der Terrasse gedeckt. Und trägt das Essen auf: Putenrollbraten in Milch. Ein altes toskanisches Rezept, nur hat man es früher mit Kalbfleisch zubereitet. Es duftet köstlich nach Salbei und Rosmarin. Das Fleisch wurde zuerst angebraten, dann mit Milch abgelöscht und mit reichlich Kräutern im offenen Topf auf leisem Feuer sanft gargeköchelt. Daß dabei die Milch gerinnt und ausflockt, sieht vielleicht nicht besonders schön aus, aber die Flöckchen schmecken wundervoll. Wer sie partout nicht mag, kann die Sauce natürlich mit dem Mixstab aufschlagen. Dazu serviert Fidele nichts weiter als das frische, noch warme Brot. Ganz einfach, aber in der Tat ein wahres Sonntagsessen!

Das Brotbacken ist eine aufwendige Sache. Am Abend vorher bereits setzt Fidele den Teig an und beginnt mit den Vorbereitungen: Die Backschaufel wird gewässert, damit sie mit ihr unbeschadet im glühendheißen Ofen hantieren kann. Das Feuerholz liegt bereits handlich gebündelt hinter dem Haus. Fidele nimmt Rebholz, das heizt intensiv, hält die Hitze schön lange und gibt außerdem noch Aroma. Sobald die Schamottsteine im Ofen richtig heiß geworden sind, schiebt Fidele mit einem »Besen«, den sie aus Artischockenblättern gebunden hat, die Glut an die Ränder und schafft so Platz für das Brot, das sie backen will. Auch wird die Unterseite nicht von der Asche schwarz gefärbt.

Paulina, die Enkelin, schaut zu. Sie möchte später auch mal so gutes Brot backen können, sagt sie. Fidele walkt den Teig tüchtig durch. Der Vorteig, den sie ja schon am Vorabend angesetzt hatte, war jetzt, als sie aus der Kirche zurückkam, genau richtig. Und nun wirft Fidele mit aller Kraft immer wieder den Teig auf die Tischfläche. »Am besten gelingt der Teig, wenn ich wütend bin«, lacht sie. Zum Kneten braucht man Kraft! Sie formt zwei Laibe, einen großen für das Sonntagsbrot, einen kleinen für die Focaccia zum gleich Probieren. In schützende Tücher gehüllt, muß der Teig dann eine Stunde gehen. »So muß er aussehen«, strahlt Fidele, als sie dann nachschaut, »prall und seidig, wie die Schenkel eines Mädchens...« Als erstes schiebt sie den Brotlaib in den Ofen, der ja viel länger braucht als die dünne Focaccia. Dafür drückt sie den kleineren Teigballen mit den Händen direkt auf der Teigschaufel zu einem

flachen Fladen, beträufelt ihn großzügig mit Olivenöl und streut auch etwas Salz darüber. Mit den Fingerspitzen hat sie Dellen in den Teig gedrückt, damit sich das Öl darin sammeln kann und nicht davonfließt. Die Focaccia ist schon nach wenigen Minuten auf dem heißen Schamottstein des Backofens gar: goldbraun und herrlich knusprig. Ein köstlicher Genuß, vor allem wenn das Gebäck noch warm ist, also ganz frisch aus dem Ofen kommt. Bis das Brot endlich durchgebacken ist, dauert es mindestens noch eine halbe Stunde...
Und bis dahin ist das olivenölgetränkte Fladenbrot ein willkommener Imbiß zum ersten sonntäglichen Glas Wein.

AM ÖSTLICHEN Rand des Chianti-Gebietes liegt hoch in den »Monti« die alte Abtei der Mönche von Vallombrosa, die Badia a Coltibuono. Die Firidolfi, eine Florentiner Adelsfamilie, haben um 1050 die ersten Bauten errichten lassen – was heute steht, stammt aus dem 12. (Kirche, Turm), dem 15. und 16. Jahrhundert (Wohn- und Wirtschaftsgebäude). 1810 wurde die Abtei säkularisiert, 1842 von Guido Giuntini erworben, dem Urgroßvater des heutigen Besitzers, Piero Stucchi Prinetti, verheiratet mit Lorenza de Medici. Als ein bekannter und gut verdienender Industriemanager kann er sich das herrliche Gut leisten: Der Unterhalt der weitläufigen, alten, gepflegten Gebäude und des wundervollen Gartens verschlingt Unsummen – aber nur so kann eines der wert- und eindrucksvollsten Ensembles des Chianti bewahrt werden.

Die Domäne umfaßt 896 Hektar Land, der größte Teil entfällt auf Wald, 36 Hektar spezieller Rebkulturen bringen hervorragende Weine, die in den wunderschönen, weitläufigen Kellergewölben des Gutes in herrlichen Holzfässern reifen. Die rund 5000 Olivenbäume sind beim strengen Frost 1985 fast vollständig erfroren, inzwischen jedoch wieder nachgewachsen – viel schneller, als man ursprünglich befürchtet hatte. Es gibt also, nachdem man sich mit umbrischem Olivenöl zur Überbrückung des Engpasses beholfen hatte, jetzt wieder Öl aus eigener Produktion für den Verkauf.

Die Weinberge liegen zwischen 350 und 450 m Höhe – schon vor Jahrhunderten angelegt von jenen Mönchen, die den Weinbau ins Chianti-Gebiet gebracht haben sollen. Der Ertrag wird freiwillig gering gehalten, um Spitzenqualität zu erzielen: 60 Hektoliter pro Hektar für einfachen Chianti und Weißweine, nur knapp über 30 Hektoliter für die Chianti Riserva, die einen besonders langen Ausbau im traditionellen Holzfaß erfahren. Die rubinroten Weine von Coltibuono altern hervorragend, zumal der Weißweinanteil unter der Regie von Maurizio Castelli, dem Oenologen, in den letzten Jahren immer weiter zurückgenommen wurde. Der Weißwein indes wird so ausgebaut, daß möglichst viel Säure erhalten bleibt,

WEIN UND ÖL: BADIA A COLTIBUONO

die dem Wein Stabilität, Charakter und Haltbarkeit gibt – mangelnde Säure ist sonst das Hauptproblem bei den toskanischen Weißweinen. In den letzten Jahren hat man mit dem »Sangioveto«, einem Wein ausschließlich aus Sangiovesetrauben erster Qualität, ausgebaut im kleinen, neuen Eichenholzfaß (barrique), großen Erfolg.

Das zweite Herzstück der Fattoria ist die Orciaia, der Ölkeller, in dem das Öl in großen Tongefäßen, den orci, aufbewahrt wird, wie es seit Jahrhunderten üblich ist. Die wunderschönen, vasenähnlichen, fast mannshohen Terracottagefäße stammen teilweise aus dem 17. und 18. Jahrhundert. In ihnen bleibt das frisch gepreßte Öl kühl und dunkel stehen, bis sich alle Trübstoffe gesetzt haben. Man kann es so zwei bis drei Jahre aufheben, ohne daß es ranzig wird.

Das Olivenöl der Toskana gilt als das beste der Welt. Während aber die einen das fette Öl der Gegend um Lucca vorziehen, lieben andere mehr das zartbittere, fruchtigere aus den Höhenlagen des Chianti classico. Längst haben sich die Ölproduzenten zu einem Konsortium zusammengeschlossen und Qualitätsrichtlinien festgelegt, deren Einhaltung genau überprüft und für den Verbraucher am Qualitätssiegel erkennbar ist.

Das ganz frische Öl ist sehr grün und trüb. Hat es sich gesetzt, muß es ganz klar laufen. Als beste Qualität – extra vergine – darf es höchstens 1 Prozent Säure enthalten. Spitzenöle liegen zwischen 0,2 und 0,5 Prozent Säure, leuchten goldgrün und schmecken fruchtig, manchmal nach Mandeln und sogar zart nach Pfirsich. Sie werden ausschließlich aus handgepflückten, reifen, grün-violett schimmernden Früchten gewonnen: in Steinmühlen zerquetscht und gemahlen, zwischen Matten sanft gepreßt, dann behutsam zentrifugiert. Natürlich: Qualität hat ihren Preis. Und so sind die wirklich guten Weine und das köstliche Öl nicht billig. Weder auf Badia a Coltibuono noch anderswo in der Toskana!

Herrin auf Badia a Coltibuono ist Lorenza de Medici, die Ehefrau von Piero Stucchi Prinetti – in Italien ist es nicht ungewöhnlich, wenn Frauen nach der Heirat ihren Mädchennamen beibehalten. Lorenza de Medici verbringt den größten Teil des Sommers hier, die Stadtwohnung in Mailand ist Pflicht, das Leben in Coltibuono geliebte Kür. Auch wenn die Pflichten hier immer mehr werden. Es ist nicht nur das Haus, nicht nur der Garten, entzückend angelegt, nach Renaissance-Vorbild, mit Buchsbaumhecken und schattigen Spalier- und Laubengängen. Es reisen viele Besucher an, zum Beispiel interessierte Sommeliers (Weinkellner), Hoteliers oder Restaurantbesitzer, aus Italien, aber auch aus Deutschland, England oder Amerika. Journalisten schauen vorbei, denn die Weine der Badia haben überall in der Welt eine gute Presse. Es werden für Freunde des Hauses und der Familie im Kreuzgang regelmäßig Konzerte von beachtlichem Anspruch und Qualität veranstaltet. Und, last, but not least, seit einiger Zeit leitet Lorenza de Medici, die mittlerweile auch eine ganze Reihe von Kochbüchern veröffentlicht hat, in ihrer eigenen Küche Kochkurse. Nicht mehr als zwölf Schüler nehmen jeweils daran teil. Damit sie auch wirklich etwas lernen und selber mitarbeiten können und nicht nur zuschauen.

Die meisten Schüler kommen aus Amerika, wo die Fan-Gemeinde der Lorenza de Medici immer größer wird, seit sie in einer Anzahl von Großstädten als Gastdozentin dortiger Kochschulen und sogar im lokalen Fernsehen Vorträge über italienische Küche gehalten hat. Aber sie zieht die einwöchigen Kurse in ihrer eigenen Küche daheim vor; die Schüler sind im Anbau, in den Gästezimmern des Hauses untergebracht. Sie kehren nicht nur mit einer Fülle der besten toskanischen Rezepte nach Hause zurück, sie nehmen auch eine Menge Wissen mit, über Wein, Olivenöl und alle Zutaten, die zu dieser Küche nötig sind. Und für Lorenza de Medici ist es ein befriedigendes Gefühl, einen guten Teil italienischer Kultur weitergetragen zu haben.

Sie ist nicht eine von den in Adel und Reichtum geborenen Frauen, die es glänzend verstehen, zu delegieren, sie faßt selbst mit an. Und sie bewegt sich mit der Selbstverständlichkeit derer in ihrer Küche, die weiß, daß ihr alles gelingt. Loren-

za de Medici ist wie ein wandelndes Kompendium zur toskanischen Küchenkultur und darüber hinaus ein Organisationstalent, das kaum der Unterstützung bedarf. Kräuter und Gewürze werden im eigenen Garten gezogen. In von säuberlich gestutzten, niedrigen Buchshecken umsäumten Beeten. Lorenza de Medici pflückt die Rauke für die Crostini zur Vorspeise lieber selbst. »Nur die zarten, jungen Blätter«, sagt sie, »die dunklen sind zäh und eignen sich nicht so gut zum Rohessen. Daraus macht man besser einen Sugo für die Pasta oder nimmt sie für einen herzhaften Risotto.« Rauke, italienisch Rucola oder Ruchetta, ist ein Schnittsalat von so kräftigem Geschmack, daß man sie auch gern zum Würzen nimmt. Sie ist inzwischen auch bei uns in Mode gekommen; manche kennen das langblättrige Kraut vielleicht eher unter seiner französischen Bezeichnung Rouquette.
Schließlich gehört zur Badia a Coltibuono auch noch eine Trattoria. Sie wurde fünfundzwanzig Jahre lang von der Familie Catinari mit großem Erfolg betrieben. Seit kurzem hat Lorenza de Medici die Sache selber in die Hand genommen. Die Catinaris haben sich in Poggio San Polo selbständig gemacht.

Wer das große Tor passiert hat, dem öffnet sich im Innenhof der Badia a Coltibuono eine Oase der Ruhe. Linkerhand liegt die Probierstube, deren Wände mit Flaschenregalen zugestellt sind: eine ebenso noble wie dekorative Wandverkleidung, wie das große Photo (unten) zeigt. Hier lagert eine stattliche Anzahl alter Chiantiflaschen – bis in die fünfziger Jahre zurück kann man sie kaufen. In diesem Raum werden auch Weinproben durchgeführt.

Eigentlich schade, daß solche stimmungsvollen Bilder von idyllischen Rebgärten, die wie eine riesige blühende Wiese wirken, immer seltener werden: In den modernen Rebanlagen der Toskana setzt man die Weinstöcke heute enger zusammen, damit sie tiefer wurzeln und mehr Kraft aus dem Boden holen. Aber zunehmend läßt man wieder die Bodenfläche begrünen; denn man hat gesehen, daß so besser die Feuchtigkeit im Boden gehalten wird und sich der Erosion vorbeugen läßt.

Wer Olivenöl der Spitzenklasse produzieren will, muß die Früchte zum richtigen Zeitpunkt und, das ist besonders wichtig, von Hand pflücken. Sie dürfen noch nicht so reif sein, daß sie von selber herunterfallen. Ihr Säuregehalt wird sonst zu hoch, er steigt mit zunehmender Reife, schnellt aber geradezu in die Höhe, wenn die Früchte am Boden liegen. Und der Säuregehalt ist eines der wichtigsten Qualitätsmerkmale für Olivenöl: Nur Öle mit weniger als einem Prozent Säure dürfen als extra vergine angeboten werden. Spitzenöle liegen etwa bei 0,2 bis höchstens 0,5 Prozent. Daher ist es wichtig, daß die Oliven so schnell wie möglich nach der Ernte zur Ölmühle gebracht und verarbeitet werden. Zunächst läßt man sie unter den gewaltigen Steinwalzen der Mühle zu einem feinen Püree zermahlen. Diese Olivenpaste wird auf runden Sisalmatten verteilt, die übereinandergeschichtet einen hohen Stapel ergeben,

der schließlich unter die Presse kommt. Mit ungefähr 400 Tonnen Druck wird das Öl herausgepreßt. Allerdings muß es dann noch in der Zentrifuge vom Fruchtwasser getrennt werden, bevor man das duftende, würzige, ganz junge Olivenöl genießen kann. Je mehr Blätter beim Mahlen dazwischen sind, desto grüner wirkt das junge Öl. Der Farbstoff Chlorophyll fällt jedoch nach einiger Zeit aus und setzt sich als Trübstoff ab. Manchen mag das frische Öl in seiner fruchtigen Bitterkeit zu aggressiv vorkommen. Für den wahren Olivenöl-Fan gibt es nichts Großartigeres: Nur ein paar Tropfen davon auf krumiges Brot, über heiße Spaghetti oder eine frische Pellkartoffel – das ist der Himmel!

Lorenza de Medici ist eine ebenso leidenschaftliche wie vorzügliche Köchin. Geübt und routiniert geht ihr die Arbeit dabei von der Hand. Man merkt sofort, daß sie häufig in der Küche steht und daß sie es gewohnt ist, wenn sie dabei Zuschauer hat. Ihre Küche in der Badia ist dafür auch hervorragend geeignet. Um den großen Marmortisch in der Mitte finden ihre Kochschülerinnen ausreichend Platz und jede hat genügend Überblick über das Geschehen. Die Fettuccine, die Bandnudeln für unser Mittagessen, hat sie im Handumdrehen gemacht. Wie alle Toskanerinnen wiegt sie das Mehl nicht ab, das sie dafür braucht. Sie häuft vielmehr einen Mehlberg auf die Arbeitsplatte, drückt eine Vertiefung in seine Kuppe und schlägt zwei Eier dort hinein; zunächst verrührt sie alles mit einer Gabel, bis nichts mehr klebt, und knetet dann mit den Händen den Teig so lange durch, bis er seidig glänzt. Mit dem typisch italienischen

langen und dünnen Nudelholz walzt sie den Teig hauchdünn aus – »wichtig ist dabei«, sagt sie, »daß man jetzt immer gründlich alles bemehlt, damit der Teig nicht zusammenklebt!« –, er wird aufgerollt, in schmale Streifen geschnitten – fertig! Die Nudeln werden jetzt wieder aufgerollt, sie sollen ein wenig antrocknen, bevor man sie ins kochende Wasser wirft. Und dann heißt es aufpassen, denn so frische und so hauchdünn ausgerollte Nudeln sind in Minutenschnelle gar. Dabei sollen sie doch noch ein wenig Biß behalten. Man kann die Nudeln einfach pur mit Butter und Parmesankäse genießen oder einen der zahllosen Sughi aus Fleisch, Gemüse oder mit Fisch dazu servieren, die die toskanische Küche kennt.

NIEDRIGE, manchmal buschartige Eichenwälder überziehen die kargen Kuppen der nach Westen abfallenden Bergrücken von Castellina in Chianti – menschenleeres, verwildertes Land. Ein vielstimmiges Konzert von Vogelstimmen: Wacholderdrosseln, Grasmücken, Laubsänger tirilieren, darüber erhebt sich das fröhliche Trillern der Lerchen, hallt der ferne Ruf des scheuen Kuckucks.

Vögel schmücken denn auch die nobel gestalteten Etiketten des hier in geschützter Mulde versteckten Weinguts Castellare. Paolo Panerai, langjähriger Chefredakteur der italienischen Wirtschaftszeitschrift »CLASS«, hat es 1981 gekauft: Eigentlich wollte er nur ein Wochenendhaus erwerben, da wurde ihm dieses Weingut angeboten. Sollte er Winzer werden? Er fragte seinen Freund Luigi Veronelli, Italiens bekanntesten Weinjournalisten, um Rat. Sofort zugreifen, meinte der – und behielt mit der Prophezeiung recht, der dynamische Panerai habe nun eine neue Lebensaufgabe bekommen. Ihm ging es nicht anders als vielen anderen, die, aus fremden Berufen kommend – Ärzte, Rechtsanwälte, Filmproduzenten, Modeschöpfer, Fabrikanten und Industrielle aller Art –, im Chianti Hobbywinzer werden wollten: Der Wein nahm sie gefangen! Panerai nutzte alle seine Vorteile als Journalist: Er kannte von seinem Beruf her die besten Weinproduzenten Frankreichs, Italiens und Kaliforniens. Er informierte sich überall. Wie alle Neuankömmlinge suchte er sich einen Oenologen, einen wissenschaftlich ausgebildeten Weinfachmann – und fand ihn in Maurizio Castelli. Auf den besten Lagen wird aus ausgewähltem Rebgut mit einer Mischung aus der durch Klone abgewandelten Grundsorte Sangiovese und der weniger üblichen Traube Malvasia nero ohne jeden Weißweinanteil der Spitzenwein I SODI DI S. NICCOLO' erzeugt, der zu den besten des Gebietes gehört. Mischung und der individuelle Ausbau in kleinen, neuen Holzfässern aus slowenischer und französischer Eiche geben ihm einen eigenständigen Charakter – ein deutlich an französischen Vor-

CASTELLARE: ERFÜLLUNG EINES TRAUMES ODER DAS SELBSTGESCHAFFENE PARADIES

bildern geprägter Wein. Fast alle großen Weingüter bauen heute diese Art von Spitzenweinen aus, die allerdings nicht mehr dem klassischen Chianti entsprechen und daher kein Anrecht auf das Siegel des schwarzen Hahns haben. Freilich wird auf Castellare außerdem ein traditioneller Chianti classico produziert, ebenso ein frischer Weißwein, ein heller Vin Santo sowie der Governo, ein jung und kühl zu trinkender, leichter Rotwein. Er bekommt seinen milderen Charakter durch ein früher im Chiantigebiet häufig angewandtes, eben Governo genanntes Verfahren. Dabei wird dem Wein nach dem ersten Abstich ein Most aus eingetrockneten Trauben zugesetzt.

Noch ein Grund, warum Paolo Panerai seine Etiketten mit Vögeln schmückt: Er versucht, so wenig wie möglich mit Herbiziden und Insektiziden zu arbeiten, weicht auf Pflanzenbrühen aus, um die selten gewordenen, auf seinem Gebiet noch heimischen Vogelarten zu schützen.

Seine Frau Fioretta widmet sich ganz dem Garten, der Küche und dem Haus – sie sammelt Einzelstücke aller Art und Stilrichtung und verbindet sie in perfekter Weise miteinander.

Die Panerais leben in Mailand – ihr Herz aber gehört längst voll und ganz ihrem Besitz in der Toskana, mit dem sie sich einen Traum erfüllt haben. Sie genießen die Ruhe mit dem weiten Blick ins Land, das silbrige Laub der Olivenbäume, die dank der geschützten Lage kaum unter dem Frost von 1985 gelitten haben und ein herrliches Öl hervorbringen, das in einer karaffenartigen Flasche abgefüllt wird. Sie essen dann gut, natürlich toskanisch: im Gutshof gemachte Würste und Schinken, Bohnen, im Sommer Panzanella, den erfrischenden Salat aus Brot, Tomaten und Kräutern und im Winter die herzhafte Ribollita.

Bei einem Schluck Wein lassen sie die Sonne über ihrem Paradies untergehen – und stürzen sich dann wieder gestärkt ins ihnen gleichermaßen wichtige Getriebe von Großstadt und Beruf …

Der junge Chianti classico darf ruhig ein wenig gekühlt sein. So paßt er wunderbar zur Panzanella, dem traditionellen toskanischen Salat, dessen Hauptzutat Brot ist, trockenes Brot vom Vortag. Eine herrlich wohlschmeckende Resteverwertung: Das Brot wird zerpflückt und in Wasser eingeweicht und erst dann mit Zwiebeln, Knoblauch, vielen Tomaten und Kräutern angemacht. Wichtig ist natürlich, wie überhaupt in der toskanischen Küche, daß alles mit einem

duftenden, intensiv-würzigen Olivenöl beträufelt wird, das dem Gericht Geschmeidigkeit und Geschmack verleiht. Die allgegenwärtigen Olivenbäume gliedern wie mit einem graphischen Muster die Landschaft. Bildschön ihr silbriges Grün, vor dem Ziegelrot des sauber geharkten Bodens, überragt vom düsteren Schwarz der Zypressen.

DIE PIAZZA del Campo, der Wiesenplatz, gilt als einer der schönsten Plätze der Welt. Seine Muschelform zeigt deutlich, wie sich das auf drei Hügeln thronende Siena in Äcker und Wiesen fraß, um sich zu vergrößern.

Zwei-, neuerdings dreimal im Jahr findet hier der Palio statt, das mittelalterliche Pferderennen. Tausende von Touristen schauen dann von den Tribünen aus dem kaum drei Minuten dauernden Kernstück des Schauspiels zu. Wirklich mitgerissen sind nur die Einheimischen in der Mitte des Platzes: Zehn der siebzehn Stadtteile von Siena (Contraden) dürfen an dem Wettkampf teilnehmen. Lautstarke Klage, überschäumender Jubel! Emotionen ohne Ende – die ganze Stadt hallt wider, alles beteiligt sich an der Freude über den Sieg oder der Trauer über die Niederlage: Streng und wild, ungezähmt wie zur Zeit der Gotik, uns unbegreiflich in unserer Zeit und für den, der nicht hier geboren wurde.

Die Bauten der Gotik dagegen ergreifen uns sofort: Das Rathaus mit dem schlanken Turm, der 102 Meter hohen Torre del Mangia. Die bedrohlich hohen, engen Gassen bilden Paläste unter dem azurblauen Himmel – die sienabraune Färbung der Ziegel mildert ihre Düsternis. Und schließlich der Dom: Anmut, elegant gestreifte Leichtigkeit, gestalteter Reichtum inbrünstiger, aber der Schönheit der Welt zugewandter Frömmigkeit.

Auch Städte, die von Touristen leben, brauchen Ruhezeiten, in denen sie ganz den Bewohnern gehören. In Siena fällt diese Zeit ausgerechnet mitten in die Saison: Da widmet sich die Bevölkerung sich selbst und begibt sich zu Tisch. Am Vorabend des Palio wird gemeinsam getafelt.

Freilich: Jede Contrada, jeder Stadtteil, streng für sich. Doch welch ein Bild: Tausende von Menschen sitzen in den engen Straßen, alle Angehörigen jeder Contrada geben sich dem Mahle hin – Touristen haben keine Möglichkeit, daran teilzunehmen. Es sei denn, sie sind eingeladen.

Trotzdem ein spannendes Spektakel, das einen Besuch lohnt: Eben noch hallte

SIENA:
ZEUGE DER GOTIK

die ganze Stadt von Kampfliedern und Siegesgeschrei wider (auch wenn es nur die Probe war), jetzt hat sich alles gelöst, herrscht lockere Fröhlichkeit. Eben noch war jeder auf der Piazza, leer die Straßen mit endlos langen Tischreihen, festlich gedeckt, die Stühle in Reih und Glied. Jetzt, wo die Dämmerung in die Gassen sinkt, strömt alles seinem Platz zu.
Jeder Stadtteil besitzt sein Wappentier, Fahnen und Farben. Die Häuser erstrahlen in Lichterschmuck und leuchtenden Draperien. Und jede Contrada verfügt, so löst sich das Rätsel der Bewirtung so vieler Leute, über ein eigenes Gemeindehaus mit Küche, in der seit Tagen vorbereitet und jetzt gekocht wird, daß es eine Freude ist! In allen Contraden, reich oder arm, gibt es ein mehrgängiges Menü. Hier ißt man von gutem Porzellan und trinkt den Wein aus Gläsern, dort begnügt man sich mit Pappe oder Plastik   für alle ein Fest, und die Menschen haben sich schöngemacht.
Die jungen Männer werden das Essen austeilen – noch geben sie mit den Suppenkellen ein ohrenbetäubendes Konzert, indem sie sie wild aneinanderschlugen. Lachen, Rufe, Heiterkeit. Die Chiantiflaschen kreisen, es wird gezecht und geschmaust, gelacht und gesungen bis in die späte Nacht …

Vom Rathausturm hat man einen herrlichen Blick hinunter auf die Piazza del Campo, den zentralen Platz, mit seinem warmen Pflaster aus Terracotta. In der Mitte eine Brunnenquelle, rundherum Straßencafés für die Touristen. Am Tag des großen Pferderennens, des Palio, herrscht hier ein unglaubliches Gedränge, nur auf den Tribünen für gut zahlende Gäste kann man einigermaßen frei atmen. Auf dem Platz dagegen ein irrsinniges Gewühl von stumm

erstaunten Touristen und heftig gestikulierenden und wild schreienden Sienesern. Schon am Vorabend des Festes, nach einer voll ernster Leidenschaft und in historischen Kostümen durchgeführten Generalprobe, tafeln und zechen die Bürger in ihren Stadtteilen: An langen, in den Straßen und auf den Plätzen der Contraden aufgestellten Tischen vergnügen sich die Bürger ohne Touristen bis spät in die Nacht.

DER BEGRIFF »Toskana« täuscht: Man darf sich darunter nicht eine klar zu definierende Einheit vorstellen – in keinerlei Hinsicht. Am deutlichsten treten die Unterschiede zwischen Florenz und Siena auf. Schon die Lage der beiden Städte besitzt Symbolkraft: Hier im weiten Talkessel des Arno, eingebettet in liebliche Hügel, das blühende Florenz, ein Sammelbecken für die Fähigsten, Glanz und Anziehungskraft ausstrahlend in das Umland. Dort die sich hoch auftürmende Stadt über den Hügeln, das ummauerte Siena, seine Macht darstellend weit sichtbar über das Land. Hier die Bankiers und Adligen, die sich im Wohlstand aufs Land begeben, prächtige und luxuriöse, die Landschaft prägende Villen bauen. Dort die Landbesitzer, die auch in der Stadt das Terrain aufkaufen, sich ganze Viertel einverleiben und sich in ihren Stadtburgen verschanzen. Offenes Florenz, verschlossenes Siena.

Beide Städte kämpfen im Mittelalter um die Vorherrschaft. Der Handel (in Siena mit Getreide, in Florenz mit Seide, aber auch Wolle) sowie das Bankwesen begründen die Macht der beiden Städte – noch heute zeugen die italienischen Beziehungen der Banksprache davon. Es kommt zu kriegerischen Auseinandersetzungen, die in der blutigen Schlacht von Montaperti gipfeln: Die Sienesen schlagen hier, sozusagen vor ihrer Haustüre, die Florentiner vernichtend. Es gibt 10 000 tote und 15 000 gefangene Florentiner – doch es ist ein Pyrrhussieg: Der Papst, mit den guelfischen Florentinern verbündet, steckt die kaisertreuen Ghibellinen, schlichtweg ganz Siena, in den Bann. Das bedeutet, daß die Schuldner die Sieneser Kaufleute und Bankiers nicht mehr zu bezahlen brauchen: Wirtschaftskrise! Die Handwerker und kleinen Händler übernehmen die Verwaltung der Stadt.

Bereits 1269 kann Florenz daher Siena besiegen, und die Guelfen gewinnen auch hier die Oberhand. Die Adligen werden entmachtet, wehren sich aber natürlich. Morde, fast bürgerkriegsähnliche Zustände. Neuerlicher Aufschwung, neue Landbesitzer, neue Bankiers. Die Stadt lebt in einer Dualität zwischen Ver-

FLORENZ UND SIENA: GEGENSÄTZE

tretern angestammter und geldabhängiger Macht und den in den Contraden organisierten Bürgern. Siena bleibt aber republikanisch.
Anders Florenz: Nach rivalisierenden Machtkämpfen zwischen den bedeutenden Familien gewinnen die Medici die Oberhand und bestimmen das Schicksal der Stadt. Zwar formieren sich zunächst die verschiedenen Schichten, bilden eine dynamische Republik. Die Volksdemokratie wird jedoch von den geschickten Medici immer weiter unterhöhlt, bis sie schließlich nur noch ein vorgeschobenes Machtorgan in ihren Händen darstellt. Drei Versuche, den hochbegabten, die Künste fördernden, politisch fähigen, aber skrupellosen »Tyrannen« Lorenzo I. (den Prächtigen) zu ermorden, schlagen fehl.
Nach seinem Tode aber werden die Medici vertrieben: Von 1494 bis 1512 herrscht wieder das Volk, getragen von den leidenschaftlichen Predigten des Dominikanermönchs Girolamo Savonarola: Es gibt einen radikalen, uns sehr wenig toskanisch scheinenden Bildersturm. Doch seine sittlich-strengen Grundsätze lassen ihn zu weit gehen: Der Papst exkommuniziert ihn, das Volk von Florenz verbrennt ihn auf dem Scheiterhaufen.
1512 holen sich die Medici mit Hilfe des Papstes und der Fürstenhäuser Europas die Macht in einem Staatsstreich zurück: Jetzt herrscht die Willkür eines Polizeistaates. Als Lorenzino seinen Vetter Alessandro (Herzog seit seiner Heirat mit Margarete von Parma, 1531) ermordet, wird er gefeiert. Aber der Absolutismus (sein Theoretiker: der Toskaner Macchiavelli) erfährt erst in Cosimo I. die Personifizierung. 1555 unterwirft er Siena. 1569 wird er Großherzog der Toskana.
Daß Siena fiel, lag nicht zuletzt auch an der Geißel des Mittelalters, an der Pest: 1348 stirbt mehr als die Hälfte der Bevölkerung. Der Plan, einen größeren Dom zu bauen, als Florenz ihn besitzt, wird fallengelassen (die schon gebauten Teile kann man noch heute besichtigen). Siena leidet an innerer Auszehrung, erlischt – gerade das war die Rettung seiner Einzigartigkeit.
Die Sienesen haben sich bis heute etwas Mittelalterliches, Gotisches bewahrt,

sind verschlossen. Die Florentiner dagegen offen, ja klatschsüchtig. Ihre Schwatzhaftigkeit, so wird gesagt, gibt mafiosen Unternehmungen keine Chance.
Man kann die Unterschiede, weiträumiger gesehen, auch so ausdrücken: Der dünn besiedelte Süden steht dem dicht besiedelten Norden gegenüber. In eben diesem Sinne hat auch die Kunst unterschiedliche Ausprägung erfahren. Siena war auf das Land ausgerichtet, und die Landschaftsmalerei hat sich hier besonders hoch entwickelt. In Florenz dagegen war es der urbane Mensch mit seiner Beziehung zur Stadt, zum umbauten Raum, der die Kunst prägte. Hier entstand die Renaissance, hier formte sich das moderne Bild des Menschen, aus einer grandiosen Synthese von Wissenschaft und Künsten. Alles wurde angezweifelt, erforscht und auf Gesetzmäßigkeiten hin untersucht: die Phänomene der Natur; die Regeln von Baukunst, von Sprache, Skulptur und Malerei; Dichtkunst und Musik; der Mensch, die Gesellschaft und der Staat.
In Florenz wurde die Basis der Neuzeit, wurde ein neues Weltbild geschaffen.

Südlich von Siena liegt über dem Arbiatal, halb verborgen von Pinien und Zypressen, umgeben von unzugänglichen Schluchten und wilden Schrunden im lehmigen Ackerboden der Crete, die Abtei von Monte Oliveto Maggiore. Hier kann man, unter anderem, die herrlichen Fresken von Signorelli und Sodoma bewundern. Die selbst im südlich heißen Sommer Feuchtigkeit bergenden Gründe der breiteren Täler werden als Weiden genutzt: Sie erlauben die Zucht der weißen Chiana-Rinder, die das Fleisch für die berühmte bistecca fiorentina, die gegrillte Hochrippe liefern. Auf den die geglätteten Lehmhügel überziehenden Feldern dagegen wächst fast ausschließlich Weizen, selten einmal Hirse. Und dort schließlich, wo der Boden dafür zu steinig und zu karg ist, finden die bescheidenen Schafe immer noch genug zu fressen.

Viele der kleinen, früher sienesischen Grundherren tributpflichtigen Bauernhöfe der Crete waren jahrelang dem Verfall preisgegeben – die Bauern fanden mit den Grundflächen kein Auskommen mehr. Heute sind die Hügelkämme der Crete mit Kränen gespickt, denn die einsam auf den Höhen stehenden Gebäude sind begehrte Wochenendhäuser. Die Ackerflächen gehören nicht mehr dazu: Kluge und agile Jungbauern pachteten oder kauften sich von verschiedenen Höfen die Flächen zusammen, die ein wirtschaftliches Arbeiten erlauben. Der lehmige, im Frühjahr und im Herbst nasse und dann lose Boden wurde einst mit dem Ochsengespann beackert, bietet aber Traktoren keinen Halt. Riesige Caterpiller mit Ketten brachten die Lösung. Nur ein paar Höfe werden noch von alten Leuten bewirtschaftet, die ihr Leben nicht mehr ändern wollen: Federvieh und Schafe, ein Gärtchen, ein paar Zeilen Wein

und ein Geviert von Olivenbäumen liefern das Nötigste. Armut macht erfinderisch: Fehlt eine Scheune, werden die Strohballen mit einer Plastikplane bedeckt und diese mit Steinen beschwert, damit sie nicht wegfliegt.

In unmittelbarer Nähe von Florenz und Siena sieht es dagegen ganz anders aus – hier stehen die Villen der Reichen! Viele gehören nicht mehr den ursprünglichen Besitzern, sondern Industriellen, Rechtsanwälten und Händlern, die genügend Geld haben, um die oft beklagenswert heruntergekommenen Gebäude und Gärten wieder herzurichten. Unten das Schloß Brolio der Familie Ricasol – hier entwickelte Barone Bettino vor rund hundert Jahren den modernen Chianti. Die florentinischen Villen sind manchmal veritable Schlösser, mit herrlichen Auffahrten, eigener Kapelle, prachtvoll angelegten Gärten und schönem Ausblick; hier ins Tal der Greve bei Panzano.

OBERHALB VON Cetona, neun Kilometer südlich von Chiusi, liegt versteckt ein altes Franziskanerkloster. Beim Eintritt durch das einfache Portal ergreift uns Erstaunen: Die gepflegte Schlichtheit der makellos restaurierten Außenmauern setzt sich nach innen fort. Stein für Stein wurde geputzt und mit dem traditionellen Mörtel frisch aufeinandergesetzt. Die Bodenplatten des Kreuzganges, eben wie ein See, daraus aufsteigend auf schlanken Rohren schwarze Stahllampen. Wir werden empfangen von einem jungen Mann, der uns herumführt und uns Mondo X, die Idee des Klosters, erklärt:

Der Franziskanermönch Bruder Eligio ist ein echter Nachfahre des Ordensgründers Franz von Assisi. Er lauschte nicht nur den Vögeln, sondern sprach mit jenen, die am Rande unserer Gesellschaft ein erbärmliches Dasein führten – abhängig von Alkohol und Drogen, gescheitert im Kampf des modernen Lebens. 1975 beschloß er, das heruntergekommene Kloster wieder zu nutzen: Jeder, der nicht weiter weiß und den Willen hat, mit Hilfe anderer in der Gemeinschaft aus seinem persönlichen Schlamassel herauszukommen, ist willkommen. Das Unternehmen, finanziert von den Honoraren eines Buches, das Padre Eligio über das Drogenproblem geschrieben hatte, und von Spenden wohlgesonnener Leute und großer Firmen, gedieh: 35–40 Jugendliche leben hier in klösterlicher Ruhe, nach den Regeln des Franziskanerordens. Sie geben sich einsamer Meditation hin, entscheiden aber alles gemeinsam. Die persönlichen Probleme der einzelnen werden besprochen und die Schwierigkeiten in der Gruppe zu lösen versucht. Die Gemeinschaft trägt das Ganze, gesteuert von Padre Eligio, doch jeder ist selbst verantwortlich.

Bei all dem hat man sich nicht der Welt abgewandt – im Gegenteil. Das Programm des Padre Eligio ist von urchristlicher Einstellung getragen: Es gibt keine Hierarchie, also auch keine Privilegien. Um unabhängig zu bleiben, produziert man soviel wie möglich selbst. Um jedoch trotzdem das nötige Geld für Dinge zu haben, die man kaufen muß, eröffnete Padre Eligio, begeisterter Koch und Feinschmecker, das Restaurant.

ESSEN IM KLOSTER: LA FRATERIA DI PADRE ELIGIO

Padre Eligio muß ein charismatischer Mann sein – wir bekamen ihn nicht zu Gesicht, denn er war gerade mit dem Hubschrauber in einer anderen der inzwischen rund zwanzig Gemeinschaften, um dort Probleme zu schlichten. Die Küche: modern, sparsam, schlank und durchaus in toskanischer Tradition. Gerade das Einfache, Bäuerliche ist denn auch ein besonderer Luxus, alle Produkte stammen aus eigener Produktion. Fleisch und Öl kommen von einer benachbarten Gemeinschaft, Obst und Gemüse aus den Gärten rund um das Kloster. Da wachsen Kräuter und Salate aller Art, gibt's die zartesten Gemüse, makellose Früchte, unzählige Blumen. Pilze und Beeren werden gesammelt. Getreide angebaut und zu Nudeln verarbeitet oder zu Brot gebacken.
Die Atmosphäre im Restaurant ist sehr natürlich, ganz gelöst. Die jungen Leute sind selbstsicher, sprechen gerne über ihre Probleme, drängen sich aber nicht auf. Alle tragen stolz die Idee, freuen sich, andere daran teilhaben zu lassen Und so kommt niemals ein Befremden darüber auf, daß man als Gast etwas genießt, was einer anderen, der Welt eines äußerlichen Luxus anzugehoren scheint.
Genau geplanter Luxus ist alles, was den Gast umgibt: Riedel-Gläser, schöne Tischwäsche, schlichtes, aber edles Porzellan, silbernes Besteck. Wundervolle Blumenarrangements, ausgesuchte Möbel in hervorragendem Design, genau am richtigen Platz hängende Bilder aus vergangenen Zeiten, christliche Motive in sinnlicher Fülle. Eine handgeschriebene Speisekarte mit einer entzückenden Blumenzeichnung. Und dann die blumenreiche Präsentation der Speisen!
Man muß sich anmelden, um hier essen und gutes Geld bezahlen zu dürfen: Wo Essen und Wein so ausgezeichnet, die Atmosphäre und eine persönliche Erfahrung so eindringlich sind, wo man Toskana so lebendig erleben kann wie hier – zahlt man da nicht gern für einen guten Zweck?

Die Speisen werden besonders liebevoll präsentiert: Hier hat Giorgina beispielsweise die Schüssel mit dem Steinpilzrisotto auf eine gewaltige Baumrinde plaziert, die ihr als Tablett dient – mit einer lila Artischockenblüte als Farbklecks. Die Atmosphäre im Restaurant ist heiter und leicht; man spürt, daß die jungen Leute in ihrer Arbeit hier einen Sinn sehen und sie gerne tun. Manche haben ihren Beruf schon mitgebracht.

Natürlich teilen sie sich die Arbeit auch nach Neigung auf.
Wer partout keine Gartenarbeit liebt, wird auch nicht dazu gezwungen. Vielleicht hat er dann Spaß beim Restaurieren der alten Mauern oder in der Weberei, wo die Wolle der eigenen Schafe verarbeitet wird. Einmal im Jahr werden die gewaltigen Kupferkessel aus der Küche blitzblank geputzt. Nach alter toskanischer Tradition mit Salz und Essig. Und da helfen dann alle mit.

kochtes Schweinefett ist gefährlich! Schauen Sie doch die Alten hier an: Die haben ihr ganzes Leben lang jeden Tag zwei Brötchen mit Speck gegessen, denn der gibt Kraft. Und keiner hat Probleme mit Cholesterin!« Und so essen wir beruhigt und genüßlich noch ein Brötchen mit dem wie edelster Carraramarmor schimmernden Speck...

Carrara: Darin klingt das uralte, aus Assyrien stammende Wanderwort Kar für Stein. Die vom Stein lebende Stadt kann als die vielleicht älteste noch existierende Arbeiterstadt der Welt gelten. Die ganze Anlage der Stadt mit ihren kleinen Häusern belegt seine von der Volksmasse getragene Geschichte. Noch immer existieren Hunderte von großen und kleinen Marmorschleifereien, Bildhauerwerkstätten, Kitschfabrikanten. Doch nur noch rund 1000 Arbeiter gibt es heute in den etwa 40 Brüchen – früher waren es Zigtausende, die in 450 Brüchen arbeiteten. Sie zogen teilweise mit ihren Dörfern den Brüchen nach in die Höhe – und lebten dort freier als im engen, von den Regierungen und Unternehmern kontrollierten Carrara. Hier wie dort herrscht freiheitlicher Arbeitergeist: Carrara ist die Stadt der Anarchisten, die in den letzten hundert Jahren eine bedeutende Rolle gespielt und sich bis heute gehalten haben. Anarchismus als absoluter Freiheitsbegriff, Kommunismus ohne Staatsmacht und Bürokratie – träumte davon nicht auch Michelangelo, der hier in Carrara selbst seinen Marmor brach und als Symbol menschlicher Größe eine ganze Bergkuppe zu einem Kopf gestalten wollte?

Aus der Idee wurde nichts, die Wirklichkeit sieht anders aus: Über Massa thront der mächtige Palast des Herrschergeschlechts der Malaspina, was »böser Dorn« bedeutet. Pietrasanta weiter im Süden – vorgeschobene Festung der Republik Lucca. Zeugen gewalttätiger Herrschaft überall.

Aber man hat sich's eingerichtet: Fast alle hier haben ihren eigenen kleinen Weinberg, ein Gärtchen mit Kräutern, Salaten, Gemüse und ein paar Obstbäumen. Und die Berge liefern die besten Kastanien – wärmende Winterkost.

Die Apuanischen Alpen mit den Marmorbrüchen von Carrara: Von unten sieht es aus, als ob Schnee in den Bergen liegt – aber es ist marmornes Geröll. Ehe man an den schönen, wertvollen, ebenmäßigen und nicht auseinander-brechenden weißen Marmor kommt, müssen immense Massen unbrauchbaren Gesteins abgebaut werden. Und auch der beim Ausbrechen der Blöcke entstehende Bruch wird die Halden heruntergeworfen. So bildeten sich im Laufe der beiden letzten Jahrtausende ungeheure Steinfelder, deren immer wieder neu überschüttete Oberflächen wie Schneefelder leuchten.

Entlang der Autobahn von Parma nach La Spezia, über den Apennin nach Süden, stehen Frauen und Kinder und bieten alle möglichen Dinge feil, um ein wenig Geld zu verdienen. Im Sommer und Herbst köstlich saftige, gelbgrüne Feigen und frische, getrocknete oder in Olivenöl eingelegte Steinpilze, funghi porcini. Gut und würzig der Pecorino, Bauernkäse aus Schafsmilch – man muß aber darauf achten, daß er gut gealtert ist und keine Risse hat!

Mit Drahtseilen, die über Umlenkrollen und durch in den Fels vorgebohrte Löcher laufen, werden riesige Marmorblöcke herausgesägt. Damit die Seile nicht heiß werden, fließt Wasser darüber, das milchigweiß zu Tal plätschert. Die gewaltigen, bis zu hundert Tonnen schweren Blöcke werden auf speziellen Lastwagen mit leistungsfähigen Bremsen auf eigenen Straßen zu Tal transportiert; früher besorgte man diese gefahrvolle Arbeit mit

zwanzigspännigen Ochsenkarren, von 1876 an mit einer kühn konstruierten, inzwischen leider wieder stillgelegten Marmorbahn.
In der Ebene gibt es unzählige marmorverarbeitende Betriebe, riesige Lager und Sägereien. Zum Teil wird der Marmor in Blöcken verladen und verschifft, doch das meiste wird an Ort und Stelle zu Platten oder in handliche Blöcke gesägt und auch zu allen möglichen Gebrauchs- oder Kunstgegenständen verarbeitet. Das Know-how jedenfalls ist hier enorm, so daß Marmor und anderes Gestein aus der ganzen Welt hierher gebracht und in den Werkstätten gesägt, geschnitten, behauen, geschliffen, poliert wird.
Am südlichen Ende der Versilia erinnert der schilf- und binsen-umsäumte See von Massaciuccoli daran, daß der Küstenstreifen vor den Apuanischen Alpen noch vor 100 Jahren eine sumpfige Landschaft war, unzugänglich und mit Malaria verseucht.

DIE RÖMER legten am Ufer des Serchio inmitten eines Sumpfes (etruskisch Luk = Sumpf) eine Militärbasis an, die rasch gedieh. Noch heute erkennt man klar den quadratisch-militärischen Grundriß und das von Häusern gesäumte Amphitheater, seit 150 Jahren ausgeräumt und Marktplatz. Den Mittelpunkt der Stadt markiert nicht der Dom (S. Martino) mit seiner reichen Ausstattung, sondern die Kirche S. Michele, mit der gleichnamigen Piazza den Raum des römischen Forums einnehmend. Kulissenhaft ragt die Fassade mit fünf Säulenreihen und reichen Inkrustationen aus Carrara-Marmor in den blauen Himmel, die beiden obersten Säulenloggien und der Erzengel frei im Raume stehend. Der Platz ist Zentrum des täglichen Lebens, umgeben von Bars und Cafés, durchflattert von Taubenschwärmen, die von den Kindern mit einigem Vergnügen aufgescheucht werden.

Piazza wie Straßen gehören Fußgängern und Radfahrern, die Autos sind verbannt, soweit es geht. Fast ohne Bürgersteige lebt Lucca in einem ständigen Wechsel von engen Gassen und weiten Plätzen. Nichts ist spektakulär, alles schön und organisch, erfüllt von Leben. »Während des Sommers essen die vornehmen Leute öffentlich in den Durchgängen«, schreibt der französische Philosoph Montaigne um 1580.

Lucca ist umgeben von einer einzigartigen, vollständig erhaltenen Stadtmauer – sie mußte niemals einer Belagerung standhalten. Aber vielleicht war das Bewußtsein der Luccheser, gut geschützt zu sein, schon Mittel genug zur Abwehr der Feinde: Lucca war seit dem 11. Jahrhundert als Zentrum der gewinnbringenden Seidenindustrie, dem dazugehörigen Handel mit ganz Europa und dem daraus resultierenden Bankwesen eine reiche Stadt. Neben Venedig war es die einzige Stadtrepublik, die sich behaupten konnte. Während rundum absolutistische Fürsten herrschten, gedieh Lucca in strenger Bürgerzucht: Die Luccheser gelten noch heute als überaus fleißig (Montaigne: »Man kann sie nicht genießen, weil sie ständig mit ihrer Arbeit beschäftigt sind!«). Sie sind sparsam bis zum Geiz, wir-

LUCCA: EINE BEHAGLICHE, MENSCHLICHE STADT

ken zeitweise fast lutheranisch. Was jedoch, liest man Heinrich Heine zu Lucca, die Geistlichen durchaus nicht daran hinderte, sich dem Wohlleben hinzugeben. Die Selbständigkeit verliert Lucca erst 1799 durch Napoleon, der seine Schwester Elisa Bacciocchi als Fürstin einsetzte, die übrigens ihrem korsischen Ehemann nicht nur mit einem jungen Luccheser namens Paganini die Hörner aufsetzte – allerdings hatte sie wiederum keinerlei Anspruch auf die Treue ihres Wundergeigers... 1815 fällt Lucca an Parma, 1847 schließlich an das habsburgische Großherzogtum Toskana.

Der Festungswall, ausgestattet mit Spielplätzen und Ruhebänken, hat nichts Martialisches mehr: Unter den gewaltigen Bäumen kann man flanieren, wie vor hundert Jahren Puccini und Mascagni es taten, die schöne Aussicht auf die Dächer der Stadt genießen und dann, auf den Spuren der Komponisten, einen Kaffee oder Cappuccino trinken.

Verläßt man die Stadt mit dem Auto, so kann man entlang der Straßen wunderschöne Jugendstilvillen bewundern. In Richtung Viareggio kommt man nach sechs Kilometern nach San Macario in Piano, wo man, trotz mehrerer Hinweistafeln, das Ristorante mit dem merkwürdigen, patriotisch klingenden Namen »Solferino« nur mit einigen Schwierigkeiten findet. Von außen nichts Ungewöhnliches – man betritt das Haus durch eine nichtssagende Bar. Dann aber helle Gasträume, ein lauschig bewachsener Laubengarten. In der geräumigen Küche werden, es ist zehn Uhr vormittags, die Vorbereitungen für das Mittagessen getroffen: Der hochgewachsene Chef des Hauses, Gian Piero Gemignani, bereitet die Suppen zu, schmeckt seine Nudelsaucen ab. Mutter Edema macht sich an gefüllte Steinpilze. Derweil beschäftigt sich Tochter Elisabetta mit gebackenen Leckereien, ihrer Domäne. Und der Bruder, Sauro, überprüft die Weinbestände – er ist der Sommelier (Weinkellner) und Leiter des Restaurants.

Im »Solferino« bilden traditionelle Bauernküche und gastronomische Ideen aus aller Welt eine glückliche Gemeinschaft. Da gibt es sowohl die lokale Spezialität,

die Zuppa di farro, eine dicke Dinkelsuppe mit Bohnen: ursprünglich ein Arme-Leute-Essen, aber köstlich. Auch die Polenta war einst mit wenig Fleischsauce nur sättigende Speise für die Armen – in kleinen Portionen begleitet sie hier den bürgerlichen Kalbsbraten. Aber Gian Piero ließ sich ebenso von der basilikumwürzigen Küche Liguriens und von Gerichten aus Frankreich anregen, so daß er, immer das Produkt seiner Heimat im Mittelpunkt, den Küchenzettel der Region bereichert hat.
Am Morgen haben Bauern aus der relativ regenreichen Garfagnana im Apennin nicht nur die makellosen Steinpilze, sondern auch herrlich feste, noch nicht ganz geöffnete, eiförmige Ovoli gebracht, lateinisch Amanita caesarea genannt, deutsch Kaiserlinge: Weil die römischen Cäsaren, die Kaiser, sich daran nicht genugtun konnten. Einige haben sich damit vergiftet, denn sie sind leicht mit Fliegenpilzen zu verwechseln, wenn sie sich noch nicht entfaltet haben. Sie werden vorzugsweise roh serviert, nur mit etwas Salz, Pfeffer, Zitronensaft und Olivenöl.
Heute hobelt Gian Piero noch frische weiße Trüffeln von der eigenen Wiese hinter dem Haus darüber – Anfang Oktober ist ihre Zeit gekommen. Sie sind hier nicht einmal selten, man findet sie bis in den Februar hinein. Aber die piemontesischen Aufkäufer entführen sie sofort ins berühmte Alba. Und dabei werden sie so teuer, daß man meist nur einen Hauch ihrer erdigen Knoblauchwürze erleben darf. Hier allerdings geht man ehrfürchtig und großzügig mit Trüffeln um, einer Gabe der Götter!

Dramatisch erhebt sich der marmorne Erzengel Michael mit bronzenen Flügeln auf der das Hauptschiff überragenden Fassade. Auf der Rückseite der nach ihm benannten Kirche führt eine Treppe hinauf – nur für garantiert schwindelfreie Bauleute zugänglich! Unter seinem Schutz mischen sich unten auf dem Platz die Bürger von Lucca mit den Touristen. Wenn die Schulen schließen, ist kein Durchkommen im Gewimmel der gickelnden und ihr Eis schleckenden Teenager –, die sich hier allesamt zugleich ein Stelldichein zu geben scheinen, um zu sehen und gesehen zu werden . Die Luccheser tragen es mit Gleichmut, machen einen Bogen und gehen ihren Angelegenheiten nach, als ob nichts wäre.

In Lucca kann man gut und mit Vergnügen einkaufen, es gibt für alle Dinge schöne Läden, auch viele Antiquitätengeschäfte. Aber alles hat seinen Preis, Lucca ist keine billige Stadt.

Die Landschaft rund um Lucca ist lieblich und sanft, gesäumt von den ersten Hügeln des Apennin, auf denen prachtvolle Villen stehen. Schöne, ausgewogene, nicht protzende Besitzungen mit Zypressenalleen und Gärten, die Sommerfrischen des Luccheser Adels – heute leben hier viele Engländer. Es ist ein reiches Land, das vielerlei Produkte hervorbringt: Lange Zeit galt das milde und weiche Luccheser Olivenöl als das beste, heute liebt man das etwas aromatischere, härtere und fruchtigere Öl des Chiantigebietes nicht weniger. Der Weinbau, lange im Schatten der großen, berühmteren Gebiete, hat sich wieder stabilisiert, und die roten wie weißen Weine von den »Colline Lucchesi« können auch anspruchsvolle Zungen durchaus begeistern. In den vielen guten Restaurants von Lucca und Umgebung kann man es überprüfen.

Der aus dem Apennin, der Garfagnana im Norden, herunterströmende, auch im trockenen Sommer stets reichlich Wasser führende Fluß Serchio liefert köstliche Forellen, an seinen Ufern wachsen alle Arten von Gemüse – zum Beispiel Zucchini, deren männliche Blüten sich so gut zum Ausbacken und Füllen eignen. Aus der Garfagnana kommen auch Wild und Pilze: feste, unter Kastanien (oder auch Eichen) gewachsene, wurmfreie Steinpilze; sie sind viel aromatischer als die unter Fichten gefundenen. Leider viel zu selten, nur bei optimalen Witterungsbedingungen mit warmen Herbsttagen und Gewittern, finden die Sammler auch die begehrten, sehr teuren Ovoli, die roh als Salat angemacht am besten schmecken. Ob und wann es Trüffeln gibt, ist ein Geheimnis der Götter – wer einen Ort kennt, wo sie wachsen, schätzt sich glücklich und schweigt.

DAS GANZE Land ist dort so gartenhaft und geschmückt, wie bei uns die abendlichen Szenen, die auf dem Theater dargestellt werden; auch die Landleute selbst gleichen jenen bunten Gestalten, die uns dann als singende, lächelnde und tanzende Staffage ergötzen.« Was Heine da über die Umgebung von Lucca schreibt, entspricht einem idealen Toskana-Bild, dem Traum von einem neuen Arkadien. Die Gartenlandschaft, geprägt von den für die Seidenzucht notwendigen Maulbeerbäumen, um die sich Reben ranken, existiert so nicht mehr. Und auch die Menschen tanzen nicht singend durch die Landschaft. Die Lieblichkeit ist dem Untergang geweiht, denn die Terrassenwirtschaft lohnt nicht mehr, die Maulbeerbäume sind ausgewachsen oder herausgerissen, die Reben stehen in Reih und Glied. Nur manchmal noch trifft man auf eine Ecke verwunschener Vergangenheit.

Die Landstraße von Lucca nach Florenz windet sich am Fuße des Apennin entlang, vorbei an der Industriestadt Porcari, in der 10 000 Menschen wohnen und 40 000 arbeiten. Vorbei an Montecarlo mit seinem berühmten, nach Glyzinien duftenden Weißwein. Nach Collodi, um dem langnasigen Pinocchio einen Besuch zu machen. Durch Pescia, die Stadt der Nelken, mit dem größten Blumenmarkt Europas. Vorbei am hochgelegenen Uzzano, das einen unvergleichlichen Blick auf die Weinberge des weißen, frischen Valdinievole bietet. Durch Montecatini Terme, den mondänen Badeort der Belle Epoque.

Wir werden hier später ausführlich Station machen – zunächst aber weiter im Garten der Toskana: Pistoia, einst bedeutende Stadtrepublik, aber immer mit sich selbst in Streit. Die machthabenden Kräfte wechseln, die Stadt gerät unter Söldnerherrschaft, schließlich in die Machtkämpfe zwischen Florenz und Lucca. Noch einmal erstrahlt sie in vollem Glanz, und es entsteht das großartige Stadtbild. Doch gleich wieder innere, »anarchistische« Händel. Pistoia verliert seine Eigenständigkeit und bleibt doch von eigenartiger Ausstrahlungskraft – Marktstadt, dem Leben und den Freuden der Tafel zugewandt. Die Stadtmauern werden nie-

GARTENLANDSCHAFT ZWISCHEN LUCCA UND FLORENZ. MIT DEN THERMEN VON MONTECATINI

dergelegt – und doch soll hier die Pistole erfunden worden sein. Waffenschmieden begründeten jedenfalls den Reichtum der Stadt bis ins letzte Jahrhundert hinein. Heute ist sie umgeben von Baumschulen und Gartenbau.
Schließlich Prato, was Wiese heißt, aber schon lange Stadt bedeutet: Prato war im Mittelalter eine der wichtigsten Kommunen in der Toskana. Hier wurden, am wasserreichen Bisenzio, die Wolltuche hergestellt, die den Reichtum von Florenz begründen halfen. Der enge und doch ausgedehnte Stadtkern mit dem mächtigen, unvollendet gebliebenen Dom. Heute ist Prato eine der wenigen Städte, die ihre traditionellen handwerklichen Fähigkeiten bewahren konnten und davon leben können – noch immer, oder wieder, die Metropole ausgesuchter Wollstoffe.
Zurück nach Montecatini, in einen höchst lebendigen Anachronismus: Abseits der lauten Hauptstraße erstreckt sich der Park mit den Bädern, die um die Jahrhundertwende für die Reichen Italiens und Europas errichtet wurden. Prachtvolle Gebäude, mit unglaublichem Reichtum bis ins Detail ausgestattet. Hallen des Müßiggangs einer in sich selbst verliebten Gesellschaft, die hier den Sünden falscher Lebensweise Tribut zollte – freilich in gelockerter Atmosphäre, mit allem Komfort und bei höchstmöglichem Amüsement. Vor allem der Verdauung, Magen, Darm, Bauchspeicheldrüse, Leber und Galle kommen die Wasser zugute, die alle, ganz familiär oder andächtig, ihre Namen haben: Torretta, Tettuccio, Regina, Tamerici und Rinfresco. Alle in etwas verschiedenen Zusammensetzungen und Konzentrationen. Wer welches Wasser »nimmt«, bestimmt der Arzt – einst ein exklusiver, heute ist er von der Krankenkasse bestellt.
Schon die Römer und Hannibals Punier haben hier gebadet. Im Mittelalter gab es heilende Wallfahrten, ehe die Anlagen unter der Herrschaft von Florenz verfielen. Erst Leopold, Sohn Maria Theresias und Großherzog der Toskana, errichtete neue Bäder, legte einen Park an und erweckte den Ort zu neuem Leben.
Die Anlagen sind verstaatlicht worden, haben erstaunlicherweise ihren Glanz bewahrt – man kauft sich eine Karte und geht ins Bad, verbringt den Tag wie einst in

gepflegten Anlagen, ruht, spaziert, nimmt ein Wasser, ein Bad oder läßt sich eine Fangopackung verpassen. Dann geht man in die einzigartige Bar, in das Café oder in den Kursaal (ja, so heißt er auch hier!), hört ein Konzert, flaniert unter Bäumen und Kolonnaden, kauft Nötiges oder Überflüssiges ein, besucht die Disco oder eines jener zahlreichen Restaurants, hier und in der weiteren Umgebung, die solche Kuren erst nötig machen.
Die verschwenderische Pracht der Tettuccio-Bäder, einst für die Reichen entworfen, kommt heute allen zugute. Es existieren aber auch weniger eindrucksvolle Etablissements, die mit jeweils gleichen Wassern von den Zentralen aus gespeist werden – man kann sich dann aussuchen, ob man lieber Jugendstil, Neoromanik, Neogotik oder einen späten Klassizismus als aufbauende Umgebung vorzieht. Es ist für jeden Geschmack etwas da!
Wer dennoch nicht zufrieden ist, kann ja nach Monsummano Terme fahren, nur wenige Kilometer nach Südosten: Dort gibt es Grotten mit warmen Dämpfen, die Rheuma und Gicht zu Leibe rücken, den Stoffwechsel anregen, Raucherlungen reinigen und den Blutdruck senken. Anheimelnd heißen die Kammern Purgatorio oder Inferno – Fegefeuer oder Hölle.
Wer's ruhiger liebt, reist von Lucca den Serchio aufwärts in die Bagni di Lucca, die sich den Nebenfluß Lima entlangziehen. In üppiger, an ihre Heimat erinnernder Vegetation kuren hier seit Jahrhunderten die Engländer in gediegener Art: Warme Quellen heilen die Gicht. Der hymnische Lord Byron machte es schließlich very fashionable – heute leben in der ganzen Toskana nicht so viele Engländer wie gerade hier im westlichen Teil des Apennins. Aber auch Heine weilte an diesem Ort und schrieb unter dem Titel harmloser Reisegeschichten gallige Sottisen. Es sieht ganz so aus: Die Kur hat bei ihm nicht angeschlagen.

Die meisten der großen Hotels in Montecatini stammen aus der mondänen Zeit der Belle Epoque, auch das Grand Hotel La Pace. Freilich wurden die reich ausgestatteten Paläste inzwischen gründlich renoviert, aber es gelang nicht immer, die Großartigkeit der alten Architektur mit neuzeitlichem Komfort unter dem Gesichtspunkt der Schönheit zu verbinden – es darf offenbar alles ruhig scheußlich sein, wenn es nur bequem ist und Kosten spart. Blumen aus Plastik, Sparbirnen in kristallenen Lüstern und statt luxuriöser Badeabteilung Gerät aus einem Kleinstadtkrankenhaus – warum man da die satten Preise zahlen soll, ist nicht ganz klar. Aber die weitläufigen Gärten und Anlagen, die geräumigen Zimmer, die in der Saison eleganten Gäste und die prachtvollen Speisesäle mögen für manche Enttäuschung doch entschädigen.

Der alte Ortskern von Montecatini, der Name sagt es ja, liegt auf dem Berg, nur die Bäder und die um sie herum gewachsene Hotel-, Pensionen- und Villenstadt unten im Tal. Montecatini ist bei uns das bekannteste Bad der Toskana, rangiert vor Chianciano im Süden, wo allerdings wiederum mehr Italiener kuren, der Leber wegen. In Montecatini gibt es verschiedene Wasser: Tettuccio ist für die Leber, Regina für die Galle, Tamerici und Torretta gegen Verstopfung, Rinfresco zur Entschlackung.
Es wird also »Wasser genommen« – neben diesen bei uns etwas in Vergessenheit geratenen, in Italiens Gesellschaft aber immer noch beliebten und hoch angesehenen Trinkkuren gibt es natürlich alle nur denkbaren Bäder, Fango, Massagen und Bestrahlungen; eben das ganze Programm, das heute so üblich ist und unabhängig vom Ort durchgeführt werden kann.

Der großzügige, viel Abwechslung bietende Kurbereich mit Park und den in allen Stilen erbauten Hallen, in denen stets die verschiedenen Wasser zu haben sind, ist von einer wahrhaft verschwenderischen Pracht. Glücklicherweise wurde im Laufe des letzten Krieges nichts zerstört und hatte man in der renovierungssüchtigen Zeit der sechziger Jahre nicht genügend Geld dafür, so daß die originalen Glaskuppeln und Schmuckfenster erhalten blieben. Ein wunderschön mit Mosaiken und Gold ausgeschmücktes Café mit Bar lädt an schlechten Tagen ein, bei schönem Wetter sitzt man draußen. Allegorische Mosaiken zieren die Wände des prächtigsten der Bäder, des Tettuccio, dessen schloßartige runde Vorhalle mit säulenumstandenem Freibad auf der nächsten Doppelseite zu sehen ist.

OLTO VIEN DI SOTTERRA E

AL · CHIARO

DER ADEL und Florenz – eine verschlungene Geschichte! Anders als bei uns in Deutschland, lebten hier die Adligen nicht allein auf ihren zu Burgen ausgebauten Landsitzen, sondern auch in der Stadt. Im Mittelalter führten sie, um ihre Macht zu sichern, befestigte Wohntürme auf – in San Gimignano sind sie noch erhalten, in Florenz fast vollkommen abgetragen. Denn mit Beginn der Neuzeit wurde der Adel vom Volk nach und nach entmachtet (aber nicht aus der Stadt verdrängt), freilich in einem langwierigen, nicht selten bürgerkriegsartigen Prozeß. Dabei standen oft adlige Familien an der Seite des Volks den absolutistisch herrschenden Medici gegenüber: So versuchte Battista Frescobaldi zum Beispiel, Lorenzo de Medici in der Carmine-Kirche zu ermorden.

Heute noch empfindet der Journalist Marchese Dino de Frescobaldi die Medici als Neureiche. Schließlich haben die Frescobaldi einige Jahrhunderte mehr vorzuweisen.

Ihr Schicksal ist eng mit der Kultur der Stadt verknüpft: Als die Kirche den aufmüpfigen Dichter Dante 1306 verjagte, rettete ein Frescobaldi, übrigens selbst Schriftsteller, die ersten Teile der Göttlichen Komödie. Boccaccio schätzte ihn als einen der ersten Vertreter des »dolce stile nuovo«. Die Reisebeschreibungen des Leonardo Frescobaldi, der 1384–85 Palästina erforschte, gelten als eines der bedeutendsten Dokumente jener Zeit. Und Girolamo Frescobaldi erweiterte als Organist und Komponist in der ersten Hälfte des 17. Jahrhunderts die Möglichkeiten des Orgelspiels.

Ein anderer Frescobaldi soll wegen tagelanger Orgien nur gegen den Bau von 40 Kirchen vom Papst Ablaß bekommen haben – Tatsache ist, daß die Kirche S. Spirito im Park des Stadtpalastes der Frescobaldi von Brunelleschi erbaut wurde, der mit der kleineren Kuppel sozusagen die ersten Studien für die große Kuppel des Domes unternahm.

Die Frescobaldi stellten nicht nur den Platz zur Verfügung, sondern sorgten auch für die zum Bau nötigen Geldmittel. Daran haperte es keineswegs, schließlich

MARCHESI FRESCOBALDI: 1000 JAHRE LEBENDIGE TOSKANA

waren sie bereits seit dem 12. Jahrhundert die Bankiers des englischen Königshauses. Und durften sogar die Steuern des englischen Reiches eintreiben. Zwar wurden sie zu Anfang des 14. Jahrhunderts gezwungen, das Land zu verlassen, doch dürften sie zu diesem Zeitpunkt ihr Schäflein längst ins trockene gebracht haben: Sie konnten sich rund um Florenz weite Ländereien zusammenkaufen und begannen um 1300 mit einem intensiven Weinbau, der ihnen, wie die Urkunden beweisen, ebenfalls gutes Geld einbrachte. Die Weine der Frescobaldi zieren nicht nur in Italien die Tafeln bei Staatsempfängen. Und das englische Königshaus hat seine persönliche Verbindung nicht abbrechen lassen – bei einem Besuch pflanzte Prinz Charles sogar einen vielbewunderten Weinstock sowie einen Olivenbaum im Garten des Castello di Nipozzano.
Die Marchesi de Frescobaldi besitzen acht Güter mit insgesamt 2834 Hektar Land, wovon 415 Hektar auf die Weinberge entfallen. Alle ihre Weine keltern sie aus eigenen Trauben, nichts wird dazugekauft. Die hervorragendsten Güter sind das Castello di Nipozzano und die Tenuta di Pomino, beide im Gebiet des Chianti Rufina, beide durch Heirat im letzten Jahrhundert von der Familie degli Albizi an die Frescobaldi gekommen.
Der Marchese Vittorio degli Albizi gilt als einer der Vorläufer der modernen Vinifikation in der Toskana. Er legte als erster große Rebgärten an, pflanzte die roten Sorten in die mittleren, wärmeren Lagen, damit sie einen vollen Körper entwickeln, und reservierte die hochgelegenen Weinberge, um säurereiche und fruchtige Weißweine ernten zu können. Außerdem modifizierte er die typische toskanische Flasche, den fiasco, so, daß er mit Korken absolut dicht verschlossen werden konnte: Bis dahin hatte man die Oberfläche des Weins in der nur zugebundenen Flasche mit Olivenöl gegen Oxidation geschützt – und diese Weine konnte man natürlich nicht verschicken. Inzwischen werden diese hochwertigeren Weine der Toskana fast ausschließlich in die weitaus nobleren Bordeaux-Flaschen abgefüllt.

Das Unternehmen wird heute geführt von den drei Brüdern Vittorio, Ferdinando und Leonardo, nachdem der vierte, Piero, bei einem Autorennen ums Leben kam. Vittorio (Präsident) hat die Landwirtschaft und die Finanzen unter sich, Ferdinando überwacht die Inlandsgeschäfte und Leonardo ist für den Export zuständig. Dino, der fünfte Bruder, und zwei Schwestern sind stille Teilhaber.
Der Ausbau der Weine wird überwacht von einem der bedeutendsten Weinfachleute der Toskana, dem Oenologen Luciano Boarino. Unter seiner Leitung wurde der »Montesodi« kreiert, ein in kleinen Eichenfässern gereifter Wein von einem besonders ausgewiesenen Weinberg, der in 350 Meter Höhe liegt, nur 10 Hektar umfaßt und lediglich ca. 30 Hektoliter pro Hektar produziert. Er ist ein Verschnitt aus Sangiovese, Vanaiolo, Trebbiano und Malvasia von etwa 40 Jahre alten Rebstöcken – also eine klassische Chianti-Mischung. Und folgerichtig ein DOC-Wein, mit der kontrollierten Herkunftsbezeichnung eines Qualitätsweins ausgestattet: Selten für die Spitzenweine der letzten Jahre, die sich fast immer außerhalb der gesetzlichen Regeln stellen. Paradewein der Frescobaldi bleibt aber dennoch die Riserva des Castello di Nipozzano, ein kraftvoller, tanninreicher, konzentrierter, vielfältiger und bukettreicher Wein, der ein schönes Alter erreichen sollte, bevor man ihn entkorkt. Auch er aus den alten Rebsorten mit einem maßvollen Anteil an Cabernet, der so in Mode gekommen ist.
Allerdings wachsen auf den Weingütern der Frescobaldi seit Jahrzehnten auch andere, in der Toskana neue Sorten wie Cabernet Sauvignon, Cabernet Franc, Merlot, Pinot Noir, Pinot Chardonnay, Pinot Blanc und Pinot Gris. Auf einem der höchstgelegenen Weinberge der Toskana, »Il Benefizio«, gedeihen die Trauben, aus denen der weiße Spitzenwein der Tenuta di Pomino gekeltert wird: ein »unmoderner«, keineswegs frischer und leichter, sondern ein gealterter, mächtiger, eichenholzbetonter Wein, der manchen Burgunder in die Ecke stellen kann. Aber auch dem modernen Geschmack trägt man natürlich Rechnung. Mit dem leichten weißen Galestro; dem spritzigen weißen Pomino; dem ausgeglichenen, fast wei-

chen roten Pomino; dem saftigen und harmonischen, sofort Genuß bietenden, hellroten Remole; und mit einem delikaten, fruchtigen Rosé, dem Villa di Corte. Seit einigen Jahren produziert man nach dem Champagner-Verfahren einen eleganten Sekt, der in feinem Kleid ohne das nivellierende Wort Spumante auf dem Etikett als Jahrgangs-Brut angeboten wird. Ganz klassisch dagegen der einfache Vin Santo Frescobaldi aus verschiedenen Gütern, anspruchsvoll der herrliche Vin Santo der Tenuta di Pomino, der auf einem bemerkenswert schönen Dachboden heranreifen kann.

Die Weinlese ist – trotz aller Maschinen, die natürlich wertvolle Hilfe leisten – eine harte Arbeit. Wenn schönes Wetter ist, erfrischt ein kräftiger Schluck des Deputatweins, und die Mittagspause macht Spaß – aber es kann auch in der Toskana Mitte Oktober, wenn die Haupternte ist, auf 500 Meter Höhe schon einmal Frost geben. Und in manchen – Gott sei Dank wenigen – Jahren halten die Regenfälle tagelang an.

Zur Lese bringen sich alle etwas zum Essen mit: der eine eine richtige warme Mahlzeit, etwa Nudeln mit Sugo und ein Ragout aus Lamm und Bohnen, der andere zieht eine simple Brotzeit vor, etwas Wurst, Käse und mit erstklassigem Olivenöl angemachter Tomatensalat. Aber lange dauert die Rast nicht – man muß das günstige Wetter nutzen. So wird oft auch bis in den Abend hinein gelesen; der Arbeitstag hat dann leicht zwölf Stunden!

Weit schweift der Blick aus dem Anbaugebiet des Chianti Rufina über die Weinberge und das Tal des Sieve hinüber nach Osten, auf die Höhenzüge und die unendlichen Wälder des Casentino. Eine verlassene, öde Gegend, ursprünglich, wild und bitterarm. Hier entspringt der Arno und fließt zunächst nach Süden, ehe er sich bei Arezzo nach Nordwesten wendet. Von hier kamen schon in den fünfziger Jahren viele Gastarbeiter nach Deutschland.

Links traditionelle, inzwischen selten gewordene und kaum mehr benutzte Gärbottiche aus Kastanienholz für den Rotwein, noch zu sehen auf der Tenuta di Pomino. Oben im Bild die kleinen, alten Fässer für Vin Santo.

Auf dem großen Bild das Castello di Sammezzano, ein prächtiger, maurisch gehaltener Bau aus dem 19. Jahrhundert, der heute als Hotel dient: inmitten eines riesigen Parks und mit herrlichem Blick über das Tal des Arno.

in seiner herrlichen Vinsanteria. Kleinere Produzenten haben es da schwer, müssen mit dem zufrieden sein, was sich ergibt. Vielleicht liegt hier der Grund für Cappellis unbestrittene Überlegenheit!

Vin Santo gehört in der Toskana zum alltäglichen Leben. Man trinkt ein Schlückchen, um sich aufzumuntern, wann immer das nötig erscheint. Und auf jeden Fall wird er nach dem Essen serviert, dazu eine Schale mit Mandelkeksen, den typischen biscotti toscani, die es ja auch überall zu kaufen gibt. Mal heißen sie biscotti di mandorla, also Mandelkekse, mal cantucci di Prato, Kekse aus Prato. In jedem Fall handelt es sich – Vorsicht! – um steinharte Plätzchen, an denen man sich die Zähne ausbeißen kann. Es staubt und splittert, wenn man hineinbeißt, und zwischen den ganzen Mandeln und dem Teig, der sie umschließt, spürt man kaum einen Unterschied in der Konsistenz. Aber halt: Man soll gar nicht einfach hineinbeißen! Diese Biscotti gehören getränkt, tief in Vin Santo versenkt, damit sie sich damit vollsaugen, davon erweicht und durchdrungen werden, damit das Vanilleparfüm des Weins eine Ergänzung findet im Mandelaroma der Kekse. Das schmeckt in der Tat unvergleichlich gut. Man kann kaum mehr aufhören, wenn man einmal damit begonnen hat. Nur eines ist unwiederbringlich vorbei, sobald man einen Keks in sein Glas gestippt hat: Mit Genuß trinken läßt sich der Vin Santo nun nicht mehr. Denn darin schwimmen jetzt lauter Krümel, und das Eigelb des Gebäcks hat sich dem Wein mitgeteilt und hinterläßt einen scheußlichen Geschmack. Deshalb: Das nächste Mal, wenn man Ihnen zum Vin Santo biscotti di mandorla serviert, bitten Sie um ein zweites Glas – vor allem, wenn ein Vin-Santo-Produzent in der Nähe ist, der es garantiert zu schätzen weiß, wenn Sie seinem Produkt auf diese Art kennerschaftliche Reverenz erweisen!

Ansonsten schmeckt ein trockener Vin Santo hervorragend als Aperitif, auch zu leicht süßen Leber-Crostini, ein zartsüßer Vin Santo harmoniert mit Gänseleber und paßt ebenso vorzüglich zu jungem Ziegenkäse wie zu altem Pecorino.

Minuccio Cappelli ist fast jeden Tag in seiner Vinsanteria und probiert ein paar Weine – immer wieder müssen die Fässer, in denen der Wein nach dem jahrelangen Gären bis zur Abfüllung lagert, mit Reserveweinen aufgefüllt werden. Dabei kommt es, um einen bestimmten Charakter zu erzielen, sehr darauf an, welchen Weintyp man dafür nimmt. Die Gärung selbst findet in mit Zement verschlossenen Fässern statt (auf diesem Bild gut zu sehen), denn normale Faßpfropfen würden durch den bei der Gärung entstehenden Druck hinausgeschleudert. Heute halten Eisenreifen die Fässer zusammen, früher wurden Weidenruten genommen, die sehr sorgfältig und kunstvoll darumgeschlungen werden mußten. Noch heute sieht man im Chianti-Gebiet viele Kopfweiden, die aber längst nicht mehr alle beschnitten werden.

Für den Vin Santo dürfen nur ganz reife, gesunde und makellose Trauben gelesen werden. Hier sind es weiße Trebbiano-Trauben, es werden aber auch andere weiße und sogar rote Sorten genommen, je nach Jahrgang und Zustand der Beeren. Zu Cappelli kommen seit Jahren Erntehelfer aus Rumänien, die genau wissen, worauf es ihm ankommt. Damit keine Beere gequetscht oder verletzt wird – sie würde ja bald zu faulen beginnen – werden die Trauben vorsichtig in Kisten gelegt und zu einem speziellen Schuppen gebracht.

Das Aufhängen der Trauben zum Nachreifen und Eintrocknen ist eine langwierige Arbeit: Jede Traube wird einzeln auf einen Metzgerhaken gehängt, dieser wiederum in den vorhergehenden Haken. So entstehen lange Ketten, die wunderbar von den leisen Lüftchen durchweht werden, welche durch die Lamellen der großen Fenster strömen. Aber kein Sonnenlicht dringt hinein und zehrt die Beeren aus. Und Most- und Essigfliegen werden durch ein sehr feines Drahtnetz abgehalten. Zwei bis drei Monate dauert es, bis genügend Wasser aus den Beeren verdunstet und der Zucker sich schön konzentriert hat. Es ist klar, daß nicht jedes Jahr mit gleich guten Ergebnissen zu rechnen ist: In feuchten, nebligen Herbsten faulen die Beeren leichter, und es verdunstet weniger Wasser als bei warmer und vor allem trockener Witterung.

In der Vinsanteria, dem luftdurchströmten Dachboden, türmen sich die Fässer und Caratelli mit langsam vor sich hin gärendem und fast fertigem Vin Santo. Immer wieder werden neue Partien verschnitten und abgefüllt, niemals alle Fässer eines Jahrgangs vermischt. Daher schmeckt ein und derselbe Jahrgang immer wieder etwas anders, je nachdem, wann und aus welchen Fässern er komponiert wurde.

Die Faßlager sind so konstruiert, daß die einzelnen Fässer ausgetauscht werden können – so liegen die Jahrgänge in einem chaotischen System, was die Übersicht zwar erschwert, aber ein häufiges Umräumen vermeidet: Guter Vin Santo ensteht nur, wenn er in aller Ruhe reifen kann… Mit ein paar frischen Feigen und jungen, saftigen Schälnüssen wird er zum Gedicht.

VON WELCHER Seite aus man sich der hoch auf dem Bergrücken gelegenen Stadt Montepulciano auch nähert: Die Straßen winden sich in kaum merklicher Steigung durch das Hügelland – es sind auch heute noch die alten Ochsenwege. Eichenwälder wechseln ab mit Weizenfeldern, Weingärten, Olivenhainen, Tabakplantagen, Kleewiesen und Maisäckern. Man glaubt kaum, daß hier ein großer Wein wächst. Der Vino Nobile di Montepulciano, der schon im 14. Jahrhundert weit bekannt war und den der mediceische Arzt und Schriftsteller Francesco Redi in seinem berühmten »Bacco in Toscana« (Bacchus in der Toskana, 1685) als den König aller Weine gepriesen hat. Nachdem er in den letzten Jahrhunderten fast in Vergessenheit geraten war, erfreut er sich heute bei Kennern wieder allerhöchster Wertschätzung. Seinen Namen bekam er, weil er so selten und teuer war, daß er ausschließlich von Adligen angebaut und getrunken wurde.

Auf dem kleinen, nur 13,5 Hektar umfassenden Gut Boscarelli erzeugt die Marchesa Paola Ferrari-Corradi besondere Spitzenqualität. Mit ihrem Mann, Textilfabrikant in Genua, hatte sie den Betrieb als Hobby begonnen. Nach seinem frühen Tod mußte sich das Gut jedoch selbst tragen, und so hatte sie sich um alles zu kümmern. Sie baut rigoros auf Spitzenqualität, begrenzt den Ertrag auf etwa 45 Hektoliter pro Hektar und verarbeitet nur das beste Lesegut für den Nobile di Montepulciano. Was diesen Ansprüchen nicht genügt oder unter 250 m Meereshöhe wächst, wandert in den einfachen Chianti, der hier die Zusatzbezeichnung »dei Colli Senesi« trägt.

Die Traubensorten sind ohnehin dieselben, wenn auch beim Montepulciano auf jeglichen Weißweinanteil verzichtet wird. Dafür enthält er weiterhin außer etwa 15 Prozent Canaiolo etwas Mammolo, der für den charakteristischen, zarten Veilchenduft sorgt. Die Riserva-Weine des Podere Boscarelli werden nur in den besten Jahren abgefüllt und entwickeln sich langsam, erreichen ihren Höhepunkt oft erst nach 12 bis 15 Jahren. Das gilt auch für die Spitzenweine anderer Güter –

MONTEPULCIANO: DIE STOLZE HEIMAT DES NOBLEN WEINS

etwa Avignonesi, deren Weine man im gleichnamigen Palast in der Unterstadt kaufen kann.

Die Stadt Montepulciano lädt zum Durchwandern ein – man sollte seinen Wagen vor dem Stadttor parken, denn die einzige Hauptstraße bietet kaum Platz dafür, die steilen Nebengassen sind schmal. Dramatisch die Szenerie im Herbst, wenn die Sonne Nebelschwaden zwischen die Häuser drückt, ehe sie sich endlich durchsetzt und die Dächer in ruhigem Herbstglanz vor sich hindämmern läßt. Immer wieder weite Ausblicke in das wie unberührt wirkende Land – eine ständige Durchdringung begrenzter und freier Räume!

Sienesisch ländliche Gotik und florentinisch städtische Renaissance prägen das Stadtbild gleichermaßen: Montepulciano, schon in frühester Zeit eine stolze, hochbedeutende Stadt und Sitz des legendären Etruskerkönigs Porsenna, wurde von beiden Städten gleichermaßen begehrt und beeinflußt. Bereits 1390 trug Florenz den Sieg davon – so stammen die schönsten Gebäude von Florentiner Baumeistern, geben dem Ort eine lässige Eleganz.

Fröhlich geht es in den Straßen zu, wenn am letzten Sonntag im August hier die Contraden, die Stadtteile, gegeneinander kämpfen, indem sie schwere Eichenfässer die steile Straße zum Marktplatz hinaufrollen.

Lebhaft geht es auch immer zu in der Trattoria La Diva, wo Diva Pasquini eine geradlinige, karge, wunderbare Küche praktiziert, während ihr Mann in atemberaubender Geschwindigkeit die 50 bis 60 Gäste allein mit Wein und Essen versorgt. Da sitzen die Touristen mit den Honoratioren der Stadt an einer Tafel; am Nachbartisch genießt ein Gast seine saftigen Lammkoteletts, während auf der anderen Seite ein armer alter Mann sein mitgebrachtes Brot vom Vortag in etwas Suppe taucht: Hier sind Menschen bei Menschen zu Gast.

Montepulciano: Traum einer wohlhabenden Vergangenheit. Ihn träumte auch Hans Werner Henze, als er hier 1976 das vielgerühmte Musikfestival der »Cantiere internazionale d'arte« ins Leben rief, um ein neues Verständnis der Musik zu erreichen —inzwischen hat es sich seinerseits wieder in einen Traum aufgelöst.
Die stets harmonische Abwechslung von engen Gassen, Straßen und Plätzen mit ihren Palästen macht den besonderen Charme von Montepulciano aus.
Das Wahrzeichen der Stadt, der Pulcinello auf dem Glockenturm, schlägt tönend die Stunde: Er ruft zur Kirche, die man fleißig besucht, obwohl man kommunistisch wählt.

Der Löwe von Florenz, der Marzocco auf seiner Säule, ist ein zweites Wahrzeichen der Stadt, die sich unter ihm sichtlich wohl fühlt. Denn Montepulciano konnte sich eine gewisse Freiheit gegenüber Florenz bewahren, deshalb haßte man die Florentiner nicht wie anderswo. Das Leben ist hier von einer Beschwingtheit, die nichts von der sonstigen Strenge der südlichen Toskana hat. Die Pasquinis vom Restaurant La Diva, gleich links hinter dem unteren Tor, bieten eine einfache, aber korrekte Küche. Die findet man sonst in Montepulciano und Umgebung nur schwer, denn die meisten Restaurants, Trattorien und Locanden richten sich an den Wünschen sparsamer Touristen aus und ziehen es, man kann es ihnen nicht einmal verdenken, offenbar vor, ohne Mühe schnelles Geld zu machen.

Die Traubensorten für den Vino Nobile di Montepulciano sind dieselben wie im Chianti, allerdings wird beim Montepulciano auf jeglichen Weißweinanteil verzichtet. Dafür enthält er neben der Hauptsorte Sangiovese weiterhin etwa 15 Prozent Canaiolo und etwas Mammolo, der für den charakteristischen, zarten Veilchenduft sorgt. Im Herbst werden noch einmal die Blätter entfernt, damit die Trauben voll in der Sonne hängen.

Die Weine des Podere Boscarelli der Marchesa Paola Ferrari-Corradi in Cervognano unterhalb von Montepulciano gehören seit langem zur Spitze der toskanischen Weine. Vor allem die vier Jahre im Eichenholzfaß gelagerte Riserva besticht durch ihre kraftvolle Eleganz und ein weiches, volles, von Veilchenduft geprägtes Aroma im Alter.

GELB, GRAU und rotbraun das Land, der abendliche Himmel warmtönig unter kaltem Blau. Noch grün die Weingärten, die Trauben golden oder fast schwarz: Die Lese hat begonnen. Bäume und Wiesen verdorrt, bräunlich – wie abgestorben, überpudert vom feinen Staub der Trockenheit des vergangenen Sommers. Zwar heiße Tage, aber kalte Nächte und neblige Morgen in den Bergen. Mild an der Küste, noch blühen Rosen und Oleander.
Die meisten Felder abgeerntet – die Weizenäcker zum Teil gepflügt, an manchen Stellen mit einem grünen Schimmer überzogen, von der durch reichlichen Tau auskeimenden, beim Dreschen verlorenen Saat. Immer wieder die grauschwarzen, anklagend aufragenden Strünke der zur Ölpressung brutal gekappten Sonnenblumen. Dann, plötzlich, eine feuchte Senke mit Schilf und rötlich leuchtenden, kolbenförmigen Rispen: Hirse, als Viehfutter angebaut. Im Hintergrund die kahlen Schrunden eines verwüsteten, ausgewachsenen Bergrückens, der kaum genügend spärliches Gras für ein paar Schafe hervorbringt.
Die weit sich hinziehenden, zu immer neuen Ketten in ungeahnter Tiefe sich aufbauenden Hügel südlich von Siena: ausgetrocknet jetzt im Herbst, der Boden hart wie Stein und durchzogen von kräftigen Rissen. Von jeder Kuppe ein neuer Ausblick, ein neues Staunen über die Harmonie und die Vielfalt, die Ruhe und stille Größe dieser Landschaft. Daraufgesetzt oder eingebettet kleine Höfe und Landsitze, stattliche Klöster und Faktoreien; auf schroffen Felsspornen halb verfallene, burgbekrönte Dorfnester; Alleen oder Reihen von Zypressen, die eine Straße zu einem Herrenhaus säumen oder einen Weg im Zickzack den Hang hoch begleiten.
Auf den höheren Erhebungen knorrige Wälder, vor allem Eichen, aber auch Pinien und Eßkastanien. Die Waldränder gekalkt oder wenigstens die Stämme weiß eingesprüht: Divieto di caccia, Jagen verboten. An den Sonntagen knallt es jetzt den ganzen Tag über. Manchmal ein eher Interesse erweckender als vertreibender Hinweis: Raccolta di tartufi riservata – Trüffelernte vorbehalten. An den Wegesrändern leuchten rote Hagebutten, die letzten Brombeeren versprechen

HERBST: FARBEN UND FRÜCHTE

und halten süßen Genuß. Reife Eßkastanien fallen in ihren stacheligen, beim Aufprall auf den Boden platzenden Hüllen.

Unter den vorgezogenen Dächern der Bauernhöfe trocknen Bohnenkerne: Man hat einfach die ganzen Ranken abgeschnitten, zusammengebunden und aufgehängt; im Winter, wenn mehr Zeit sein wird, kann man sie dann enthülsen. Daneben Trauben von dunkelroten Tomaten und Bündel erdiger Zwiebeln. Über einer Stuhllehne stattliche Knoblauchzöpfe. In den Gärten der Häuser vereinzelt Kakibäume, deren Früchte noch orangegrün und hart sind – erst nach den ersten Frösten im Winter werden sie milde und mürb. Dazwischen leuchtendgelbe, pralle Quitten. Ab und zu, an einen Hang oder eine Mauer geschmiegt, ein Granatapfelstrauch: Die roten Früchte abweisend und scheinbar viel zu groß an den spirreligen Ästen. An der Wegkreuzung ein riesiger Feigenbaum, voll besetzt mit reifen, wie ein Dreispitz aufgeplatzten Früchten, deren fast unanständig aussehendes Inneres sich nun vergebens preisgibt: Sie sind nicht süß geworden dieses Jahr – wie man überhaupt mit den Feigen Schwierigkeiten hat, seit der breite Einsatz von Insektiziden die Geißfliege dezimierte, die wilde Feigenbäume brauchen, damit aus normalen, eher unbedeutenden Knöllchen die dicken, honigsüßen Früchte werden.

Rund um die Bauernhöfe mit Maschendraht geschützte, überdachte Holzkisten, in denen die geschälten, golden leuchtenden Maiskolben trocknen. Manchmal sieht man noch die früher übliche Methode: Auf abgeschnittenen Ästen von kleinen Bäumen oder speziellen Gerüsten sitzen Bündel von Kolben, ihre durchscheinenden Deckblätter wie zu einer Blüte heruntergezogen.

Mais, eines der Grundnahrungsmittel der Bauern. Er wird zerstoßen oder gemahlen zu Grieß oder Mehl und dann zu einem Brei gekocht: Polenta. Darin schwingt noch das lateinische Wort *»puls«,* mit für den Brei aus Dinkel – später auch Gerste, Bohnen- oder Kastanienmehl. Wie bei uns in Deutschland das Mus war die puls einst das alltägliche Grundnahrungsmittel, ein Vorläufer des Brotes.

Das Kochen der Polenta ist anstrengend und langwierig – mindestens 20 Minuten muß der dicke, zähe Brei auf dem Feuer gerührt werden, besser eine ganze Stunde lang. Die siebzigjährige Emma, die für uns die Polenta auf klassische Weise im Kupfertopf auf offener Glut bereitet, kommt mächtig ins Schwitzen.
Es gibt in Italien inzwischen Haushalts-Rührkessel mit eingebautem Elektromotor, die diese Schwerarbeit abnehmen. Denn Polenta gelingt am besten, wenn man sie in einer größeren Menge zubereitet: Ein Teil wird sofort als heißer, weicher Brei gegessen, etwa mit einem Fleisch-Sugo oder einem Pilzragout. Den Rest läßt man abkühlen, schneidet ihn dann in Scheiben, Würfel oder Rauten – mit einem nassen Messer oder Draht – und brät sie in Olivenöl knusprig auf. Auch hierzu passen, wie zu Nudeln, intensive, würzige Saucen, etwa mit Hase, Ente, Kaninchen, Wildschwein, Leber oder luftgetrockneter Wurst. Und, natürlich, ein kräftiger junger Rotwein …

Auf den Bauernhöfen der einstigen Mezzadri, der Halbpächter, haben die alten Leute, die einst die Höfe übernommen haben und hier noch wirtschaften wie vor hundert Jahren, jetzt alle Hände voll zu tun: Der Herbst schüttet zwar sein Füllhorn aus, aber es ist harte Arbeit, bis die ganze Ernte eingebracht ist! Seit er aus Amerika eingeführt wurde, hat der Mais eine wichtige Funktion in den armen Landesteilen übernommen, denn seine Körner sind für Mensch und Tier ein reichlich und billig zu produzierendes, gut haltbares und auch einfach zu lagerndes Grundnahrungsmittel. Die Kolben werden sorgfältig getrocknet, damit sie nicht schimmeln. Die früher übliche Methode des Aufsteckens auf abgestorbene oder gestutzte Bäume oder Gerüste schafft schöne Bilder, ist aber mühsam. Deshalb macht man es nur für den besten Mais, den man selber essen wird!

Fagioli, weiße Bohnenkerne, trocknen in ihren Hülsen, ehe sie gedroschen werden: ein Lebenselixier der Toskaner! Es gibt kaum eine Mahlzeit, bei der sie keine Rolle spielen. Zunächst werden sie mit Salz, Knoblauch und ein paar Salbeiblättern ganz sanft geköchelt – kocht man sie heftig, werden sie zäh. Als Beilage serviert man sie heiß, pfeffert am Tisch aus der Mühle und beträufelt sie mit etwas gutem Olivenöl. Abgekühlt ißt man sie als Salat, zusätzlich mit Zitronensaft oder einem Schuß Essig gewürzt, auch mit ein paar Rucolablättern, Zwiebel oder Petersilie verfeinert. Man zerdrückt sie auch gerne zu einem Püree, streicht dies auf geröstete Brotscheiben und würzt mit in Olivenöl gebratenen Salbeiblättern. Außerdem gehören sie in gemischte Salate und allerlei Eintöpfe. Saftige, süße Feigen sind im Herbst eine alltägliche Zwischenmahlzeit der Bauern. Man kocht auch Konfitüre daraus.

Terracotta, gebrannte Erde: In vielen kleinen Handwerksbetrieben stellt man die wunderschönen Vasen, Töpfe, Amphoren, Urnen, Baluster, Aufsätze, Statuen und Figuren nach den traditionellen Mustern her. Das Auskleiden der Formen für die großen Vasen und die Orci, die althergebrachten Aufbewahrungsgefäße für Olivenöl, muß sorgfältig und gekonnt durchgeführt werden, damit die Stücke beim Brennen keine Risse bekommen. Wer an Ort und Stelle billig einkauft, muß darauf achten, daß nirgendwo nachgebessert wurde und das Stück einen reinen Klang hat! Den besten Ton gibt es in Impruneta und Ferrone bei Florenz. Von hier kommen seit Jahrhunderten der schönste, frostfeste Gartenzierat, die ornamentierten Backsteine und die handgestrichenen Bodenplatten, die man überall bewundern kann. Mit Olivenöl getränkt und poliert, bewahren sie den begehrten Lüster über Jahrhunderte...

Knoblauch und Zwiebeln: Toskanische Küche ist ohne sie nicht denkbar. Vor allem die Saucen von Fleisch- und Fischgerichten bekommen durch sie ihre ganz charakteristische Beschaffenheit: Neben der Würze bringen die Süße der Zwiebeln und der Schmelz des Knoblauchs Kraft und Geschmeidigkeit. So hat auf dem Lande jeder in einem kleinen Gärtchen wenigstens ein paar eigene Knollen, denn ein gewisser Vorrat muß immer dasein – damit sowie mit ein paar getrockneten oder Dosentomaten hat man im Nu einen Sugo für seine Nudeln zubereitet! Und eine halbierte Knoblauchzehe ist oft wichtigste Zutat in der Hand der Köchin: Die Salatschüssel wird vor dem Anmachen damit ausgerieben und die einfache Fettunta, die geröstete Brotscheibe, damit abgerieben, ehe sie mit Olivenöl beträufelt oder mit Tomaten belegt wird.

Mais und Eßkastanien waren früher die unentbehrlichen Mehllieferanten für die ganz Armen, die sich Weizen nicht leisten konnten:
Die aus Maismehl bereitete Polenta gehört auch heute noch in die traditionelle Küche, Eßkastanien werden inzwischen seltener verwendet. In den Städten allerdings bekommt man sie geröstet im Herbst und den ganzen Winter über beim Maroni-Verkäufer. In Sirup eingekocht dienen sie als Kuchenzutat, kandiert als Naschwerk, und in vielen Gegenden gehört ein Schmalzgebäck aus Kastanienmehl zur Karnevalstradition. Die Bergwälder sind voller Kastanienbäume, die im Sommer einen köstlichen, zartbitteren Honig liefern. Die reiche Ernte muß man »nur« aufsammeln – die Waldbesitzer ließen sich dafür früher entgelten. Außerdem muß das Dickicht unter den Bäumen mühsam kurz gehalten werden, damit man an sie herangelangt.

FLEISCH: BERÜHMTE RINDER, WÜRZIGE LÄMMER, SCHWEINE UND GEFLÜGEL

AUF DEN satten Wiesen des Chianatals weiden weiße Rinder, die bekannt dafür sind, ein saftiges, geschmackvolles, von reichen Fettadern marmoriertes Fleisch zu entwickeln. Für köstliche Fleischsaucen, Schmorbraten und vor allem das Florentiner Steak genau das Richtige!

Auf den kargen, steinigen oder sandigen Hügeln der südlichen Toskana und den trockenen Bergflanken des Apennin rupfen Schafe würziges Gras; Wolle, Käse und köstlich zarte Lämmer sind des Hirten Lohn.

In den weiten Wäldern der großen Gebirgszüge, des Chianti und des Monte Amiata, wühlen die Wildschweine nach Wurzeln, mästen sie sich im Herbst an Kastanien und Eicheln, wenn sie es nicht vorziehen, hervorzubrechen, in die Weinberge einzufallen und sich an süßen Trauben gütlich zu tun. Prächtige, dunkelborstige Burschen, die ein unglaublich aromatisches Fleisch besitzen.

Jeder Bauernhof hat natürlich wenigstens ein Hausschwein, das alles zu fressen bekommt, was es an Küchenabfällen gibt. Im Winter ist Schlachtfest, machen die Männer Wurst und Speck.

Kein Hof schließlich ohne Kaninchen und Geflügel! Für ihre Aufzucht sind die Frauen zuständig, die sich nicht selten ein Zubrot mit ein paar Perl- oder normalen Hühnern verdienen, die sie an eine treue Kundschaft verkaufen. Ihre Eier benötigt man zum Backen und für die Nudeln. Natürlich braucht niemand teures Futter dazuzukaufen: Im Herbst dürfen die Hühner auf die Felder und an die Strohballen – ein bißchen was finden sie dort immer noch zu picken. Die genügsamen Kaninchen indes bekommen von jedem Einkaufs- oder Kirchgang mitgebracht, was am Wegrand wächst. Täubchen, der Toskaner kleiner Lieblingsbraten, flattern um jedes Anwesen.

Für den Winter ziehen sich die Bäuerinnen, wenn sie über einen Tümpel oder anderes Gewässer verfügen, gern ein paar Enten und auch Gänse. Und an Weihnachten gibt's eine dicke Pute!

In der Macelleria Falorni in Greve kann man all das köstliche Fleisch kaufen. Die Spezialitäten des Hauses: frische oder luftgetrocknete Würste (Salsicce), würzig und geeignet für einen kräftigen Sugo (Fleischsauce zu Nudeln oder Polenta); der herzhafte, zarte Wildschweinschinken, der hauchdünn aufgeschnitten werden muß und nur mit Brot gegessen wird – Melone oder Feigen vertragen sich mit dem Wildaroma nicht gut; eine prachtvolle Coppa di testa, Schweinskopf (Bild); schließlich die Finocchiona, die fenchelgeschwängerte, mit Knoblauch und Pfeffer abgeschmeckte, salamiähnliche Wurst, die aus dem Fleisch von normalen Hausschweinen zubereitet wird und am besten mit einem trockenen Weißwein schmeckt. Vorsicht dagegen mit Rotwein: Die Fenchelwurst überdeckt alles, sogar Fehler! Also nie zur Weinprobe reichen – ein Pecorino, ein Schafskäse, eignet sich besser dazu.

Manchmal bekommen auch die Hausschweine Auslauf, damit sie sich an Eicheln und Kastanien mästen und so ein aromatisches, fettes Fleisch bilden. Das bei uns leider üblich gewordene magere, fast fettlose Schweinefleisch wäre in der Toskana nicht zu verkaufen – man weiß eben, daß nur fettes Fleisch einen vollen Geschmack haben kann: Das Fett ist der Aromaträger. Aber man braucht auch keine Angst vor zuviel Fett zu haben, weil niemand Fleisch zum Sattwerden ißt, sondern sich mit einem kleinen Stück zum Genießen begnügt. Satt machen Nudeln, Polenta, Reis oder Brot! Coppa di testa, Schweinskopf, ist eine beliebte Vorspeise im Winter – viel kräftiger gewürzt als bei uns und weniger gelatinös. Man ißt sie entweder pur mit Brot oder mit Zwiebeln, einem kleinen Schuß Essig und reichlich frischem, zartbitterem Olivenöl.

Nach einem trockenen Sommer finden die weißen Chiana-Rinder nur noch spärliche Kost auf ihrer Weide. Tatsächlich gibt es gar nicht genügend Rinder, um den riesigen Bedarf zu decken. Die Bistecca fiorentina, ein T-Bone-Steak von gewaltigen Ausmaßen, erfreut sich größter Beliebtheit, bei Einheimischen wie Touristen. Deshalb muß man Rindfleisch importieren – zum Beispiel aus Bayern. Die besten Stücke verkauft man hier, wo man bereit ist, für gute Qualität gutes Geld zu bezahlen! Um diese Qualität noch zu verbessern, schweißt man es nicht in Plastik ein, sondern läßt es zwei Wochen kühl, aber in freier Luft reifen, wobei es seinen vollen Geschmack gewinnt. Schließlich ist das richtige, langsame Grillen über der aus dem Kamin geholten Glut eine Kunst und erfordert Erfahrung. Eine gut gereifte, mit krosser Kruste perfekt gebratene, saftige, innen dunkelrote Bistecca ist ein kaum zu übertreffender Genuß.

Vorige Seite, unten: Heimkehr der Schafe in den Pferch. Im Herbst dürfen sie aus den kargen, karstigen Bergwiesen in die Täler ziehen und auf den abgeernteten Feldern die Pflänzchen zwischen den Strohstoppeln weiden.

Ausgerechnet im Blumentopf hat sich Frau Henne häuslich eingenistet. Ob sie hier ein Ei legen will? Perlhühner (unten) sind zwar sehr beliebt, aber nur auf einsamen Höfen zu halten, weil sie ein fürchterliches Geschrei veranstalten.

Sonntags gibt es in den alteingesessenen Restaurants stets eine ganze Auswahl an Braten. Da kommen dann Kaninchen (gefüllt mit Knoblauch und Rosmarin), Hühner, Täubchen, Kalbsrücken und ein zusammengerollter Schweinebauch gemeinsam in die Bratenreine und schmoren nun langsam ihrer Vollendung entgegen. Der dabei gemeinsam produzierte Bratensaft ist das Köstlichste, was sich ein Feinschmecker vorstellen kann!

HOCH ÜBER den Tälern von Arbia, Orcia und Ombrone wacht das Städtchen Montalcino, und weit läßt es den Blick schweifen: Im Norden ahnt man das mächtige Siena, im Süden begrenzt der Monte Amiata den Horizont. Stolz ist Montalcino auf seine Vergangenheit: Im Mittelalter war es wichtigster Vorposten der Sieneser gegen Papst und Florentiner – die gut erhaltene Burg legt ein beredtes Zeugnis ab. Als Siena 1555 unterlag, gründeten die Flüchtlinge hier die »Republik Siena in Montalcino« – es half wenig, 1559 fiel auch Montalcino an Florenz.

Nicht nur strategisch hatte Montalcino große Bedeutung – es war schon damals Zentrum einer blühenden Landwirtschaft. Ausgedehnte Olivenplantagen und Weingärten, Weizen und Luzerne brachten schon früh einen Reichtum, der sich im schönen, stolze Gelassenheit ausstrahlenden Stadtkern beweist.

Heute liegt die größte Bedeutung im Wein, im begehrten Brunello di Montalcino. Er hat eine einzigartige Geschichte: Erst in der zweiten Hälfte des letzten Jahrhunderts wurde er »entwickelt« von Ferruccio Biondi-Santi. In den Rebgärten seines Gutes »Il Greppo« hatte er eine besondere Varietät der Sangiovese-Rebe gefunden, sie vermehrt und daraus einen Wein gekeltert, der eine andere Eigenart hatte als der übliche Rotwein: härter, gradliniger, feinfruchtiger, rassiger, eleganter als alles, was man hier kannte. Ein reiches Bukett verwelkender Rosen, erinnernd auch an Erdbeeren und Veilchen. Ertragsbegrenzung, Verzicht auf eine Beimischung von Weißweinen, größte Sorgfalt beim Ausbau, ein langes Faßlager, schließlich das noch bis vor 40 Jahren unübliche Abfüllen auf Flaschen in der Kellerei haben ihm einen besonderen Ruf eingebracht. Der Brunello war schon, als er noch gar nicht so hieß, der Wein der Päpste – in den letzten Jahrzehnten entwickelte er sich zum selten gekosteten Spitzenprodukt Italiens, nur Reiche konnten ihn sich kaufen: Für eine 30 Jahre alte, eben genußreif werdende Flasche mußte man schon den Monatslohn eines Arbeiters hinblättern.

Natürlich wuchs das Interesse, und während der Brunello einst das Monopol der

MONTALCINO: WEITE FELDER, GRÜNE REBEN

Biondi-Santi war, gibt es heute über zwei Dutzend Güter, die einen guten Brunello machen. Neben dem von Biondi-Santi genießen die Weine der Fattoria dei Barbi, von Mastrojanni, Costanti, Lisini, Altesino, Case Basse und der Tenuta Caparzo einen hervorragenden Ruf. Viele der Güter pflanzten ihre Reben erst nach 1960 in ihrer jetzigen Ausdehnung. Dabei mußte natürlich, um den Charakter des Weines nicht zu verändern, auf die richtigen Böden und die entsprechende Lage geachtet werden. Jedenfalls sieht heute die Landschaft, blickt man von Montalcino herab, fast seltsam aus: An ganz bestimmten Hängen, in bestimmter Lage und bestimmter Höhe liegen die Rebgärten in den weiten Weizenfeldern. Noch immer ist Platz da – wenn auch die besten Lagen vergeben sein dürften: Der Brunello bot Unternehmern und Finanzgesellschaften den Anreiz zu guten Geschäften. Selbst die Amerikaner investierten hier gewaltig und bauten mit dem Gut Villa Banfi einen der größten weinerzeugenden Betriebe der Welt auf.

Der Brunello, durch die *Denominazione di Origine Controllata e Garantita* (DOCG) geschützt, ist vielen Weintrinkern zu hart und zu verschlossen. Andere sind der Meinung, daß einige Produzenten den Weinen die Spitze nehmen, damit man sie schneller verkaufen und trinken kann. Doch hierfür gibt es seit ein paar Jahren Rosso di Montalcino, der alle Eigenschaften des Brunello – etwas weniger ausgeprägt – aufweist, aber doch schneller trinkreif wird. Eine Riserva, ein Spitzen-Brunello also, muß warten können – zwölf Jahre mindestens, er sollte aber 50 oder gar 100 vertragen! Dann verliert der Wein seine Härte, gewinnt eine unvergleichliche Balance zwischen zartbitterer, schlanker Kraft und samtigfruchtiger Fülle, wird zur Essenz der Toskana.

Sanft fallen die Flanken des Berges, auf dem Montalcino thront, hinab in die hügelige Landschaft der Crete. Mit weitem Blick hinaus stehen die Bauernhäuser niemals hineingeduckt, sondern immer auf Anhöhen oder Absätzen – hier herrscht kein enger Geist, sondern eine große Gesinnung! Und auf tonhaltigem Kalkstein (Galestro) und lehmig-steinigen Böden (Alberese) wächst ein großer Wein.
Durch Zufall entdeckt, hat man die hiesige Abart der Sangiovese-Rebe, den Sangiovese grosso oder eben Brunello, inzwischen vermehrt und in verschiedenen Klonen den Böden und Lagen angepaßt. Ein starker Anschnitt der Reben und großzügiges Ausdünnen der Trauben im Sommer sorgen für geringen Ertrag: Spitzengüter erzeugen nur 30 bis 40 Hektoliter je Hektar, die Moste sind voller Aromastoffe und langlebiger Gerbsäuren.
Man achtet heute sehr auf einen die eigenen

Kräfte der Natur nutzenden, ökologisch sinnvollen Anbau, bekämpft Schädlinge mit Nützlingen und versucht auch die Pflanzenkrankheiten mit natürlichen Mitteln zu bekämpfen, zum Beispiel, indem die Rebzeilen mehr nach Windrichtung und Sonneneinstrahlung ausgerichtet werden; Orgien der Chemie gibt es hier nicht! Überall in der Toskana wachsen in südlich ausgerichteten Mauern Kapern: Im Sommer blühen sie mit großen weißrosa Blüten. Ihre Knospen, neben der Blüte links zu sehen, werden gepflückt, bevor sie sich öffnen, und in Salz eingelegt. Nach einer Fermentation werden sie so verkauft (in Italien üblich) oder in Essig oder Öl eingelegt. Die herbstlichen Früchte kann man ebenfalls in Essig konservieren und wie Cornichons essen.

Einige Kilometer südlich von Montalcino liegt in einer stillen Talmulde eines der schönsten Klöster der Toskana, San Antimo. Das verbrannte Gras der umliegenden Schafweiden nimmt im Herbst die Färbung der Steine an, aus denen das im 12. Jahrhundert begonnene Bauwerk errichtet wurde. Die herrlichen Steinmetzarbeiten sind wieder restauriert und von allen Spuren der Überwucherung befreit worden, unter denen sie lange Zeit verborgen waren. Die warme Stimmung gewinnt durch den Gegensatz zum leuchtenden Grün der prächtig gedeihenden Weinfelder des Brunello geradezu surrealistischen Reiz: Der Ort lädt fast zwingend ein, sich der Verschmelzung mönchisch-christlichen Lebens mit der Natur bewußt zu werden. Allerdings kann das monotone Rattern und Quietschen der Raupenschlepper auf den riesigen Äckern dabei störend wirken; man gewöhnt sich jedoch schnell daran.

Diese Raupen ziehen die gewaltigen Pflüge und Fräsen auch durch die von der Sonne zu unglaublicher Härte gebackenen Lehmböden, brechen spiegelglatte Schollen von ungeheuerlichen Ausmaßen heraus, die wieder zerkleinert werden, ehe der Weizen gesät wird; früher mußte man erst auf die Winterregen und das Frühjahr warten, bis die Erde aufgeweicht und wieder so weit abgetrocknet war, daß die Ochsengespanne nicht darin versanken. Die Technik erlaubt eine Herbstaussaat, die bessere Erträge bringt oder sogar Raps als Zwischenfrucht zuläßt. Oberhalb von San Antimo, an der Hauptstraße, kann man sich in einer von außen nur wenig Vertrauen einflößenden Bar erfrischen, in einem hellen und hübschen Speisesaal prima essen, zu teils einfachen, teils seltenen Gerichten den guten, dabei erstaunlich billigen Wein genießen und sogar Olivenöl kaufen.

ALS DIE Jurastudentin Dania Masotti sich in ihren Kommilitonen Umberto Luccherini verliebte, war ihre Zukunft klar vorgezeichnet: Sie würde Anwältin werden, in Florenz leben, für Haushalt und Küche eine Hilfe haben ... Aber es kam anders: Heute wohnt sie in einem winzigen Nest in der Südostecke der Toskana, und sie kocht höchstpersönlich, nicht nur für sich, sondern sogar für fremde Gäste.

Es begann damit, daß Umberto eine Ölmühle in Montefollonico erbte. Und er wollte sie unbedingt weiterführen. Denn sie produzierte (und produziert!) das beste, feinste und delikateste Olivenöl, das er je gekostet hatte. Natürlich hätte er dafür nicht seine Lebenspläne ändern müssen. Eine Ölmühle läßt sich auch aus der Ferne leiten, schließlich ist sie nur während der Erntemonate (November bis allenfalls Januar, je nach Jahrgang) in Betrieb. Aber wer sich auf *ein* Spitzenprodukt einläßt, den nehmen bald auch andere gefangen. Beide fanden nämlich, daß es eine gute Idee sei, aus den verfallenen Gebäuden etwas ganz Neues, nämlich ein exklusives Restaurant, zu machen, eines, wie es die Toskana noch nicht gesehen hat.

Das Olivenlager wurde zum Gastraum; gemauerte Gewölbe, gekalkte Wände, wunderschöne alte Bodenfliesen, ein Raum von karger, klassischer Schönheit, mit Liebe und Geschmack, mit Sinn fürs Detail und mit ausgesuchten alten Stücken eingerichtet.

Für die Küche wurden erfahrene Köchinnen eingestellt. Sie kochten gut, traditionell und derb, toskanische Hausfrauenküche eben. Aber: Das hatte sich Dania anders vorgestellt. Zu der schlanken, wie einem Bild von Botticelli entstiegenen Schönen paßten keine Deftigkeiten. Sie hatte zwar nie Kochen gelernt, aber ein natürliches Verständnis für den Wert der Zutaten und dafür, wie sorgfältig man mit ihnen umgehen sollte. Zusammen mit ihren Frauen in der Küche krempelte sie nach und nach alles um: Die Garzeiten wurden verkürzt, beim Zusammenstellen der Zutaten auch auf farbliche Kontraste geachtet, überhaupt präziser gearbei-

LA CHIUSA: FEINSTES ÖL UND GROSSE KÜCHE

tet. Und so entstand, nach und nach, ihre ganz persönliche Küche; immer auf der Grundlage toskanischer Tradition.

Heute ist La Chiusa ein weithin gerühmtes Restaurant, von der in- und ausländischen Presse hoch gelobt. Dank seiner großen Küche. Groß, weil sie so einfach ist. Und wie so oft heutzutage, ist es genau diese Einfachheit, die soviel Mühe macht – zum Beispiel das Brot. Wie alles andere, wird auch das Brot im Haus hergestellt. Aus eigenem Getreide, das in einer alten Steinmühle gemahlen wird (dafür muß man das Getreide in einen kleinen Ort in Umbrien bringen, weil es sonst im Umkreis keine solche Mühle mehr gibt), im gemauerten Steinofen gebacken, der mit Oliven- oder Rebholz befeuert wird. »Diese alten, zum Teil sogar vergessenen Traditionen wiederzubeleben und fortzuführen, macht unglaublich viel Mühe«, lächelt Dania sanft, »aber auch viel Spaß! Vor allem, wenn man mit seiner eigenen Begeisterung die anderen anstecken kann ...«

Ehemann Umberto kümmert sich um den Service. Er ist umtriebig, extrovertiert, ein Italiener, wie man ihn sich vorstellt. »Sono etrusco«, sagt er stolz, und zeigt dabei, wie zum Beweis, seine schlanken, langfingrigen Hände. »Ich bin Etrusker«, und sein Tonfall läßt keinerlei Zweifel daran, daß er die Etrusker für die besseren, für die wahren Italiener hält.

Als Gastgeber ist er von bestimmender Strenge. Er wählt das Menü, dazu auch gleich die passenden Weine, und läßt Widerspruch gar nicht erst aufkommen. Das macht indes nichts, denn als Gast fährt man gut dabei. In seinem beachtlich reichhaltigen Weinkeller kann man nahezu alles finden, was in Italien Rang und Namen hat.

Der Gastraum im ehemaligen Olivenlager: hell, geradlinig und ganz ohne Schnörkel; moderne klare Linien, dazwischen ein paar schöne antike Möbelstücke, mit hübschen Spitzenstoffen dekoriert – ein angenehmes Ambiente. Die schöne Dania Masotti und ihr Mann Umberto Luccherini (der Etrusker!) haben ihr Restaurant und die fünf Gästezimmer im unteren Teil der Mühle ganz nach ihrem persönlichen Geschmack eingerichtet.

Ein Beispiel für die klare, unverfälschte Küche, wie man sie in »La Chiusa« pflegt: Steinpilzhüte in Olivenöl, einfach in der Pfanne gebraten. Lediglich mit Salz und ein wenig Knoblauch gewürzt. Zudem hat Dania Masotti in die Schwämme an der Unterseite der Pilzhüte Nepitellazweiglein gesteckt. Das intensivwürzige, an Minze und Oregano erinnernde Kraut gehört in der Toskana unabdingbar zu Steinpilzen und verleiht ihnen mit seinem Duft eine neue Geschmacksdimension. Ein weiteres Beispiel die sautierten Steinpilze (das Photo ganz rechts): Die in Scheibchen geschnittenen Pilze hat sie einfach in der heißen Butter mitgeschwenkt, in der zunächst einige Täubchenlebern gebraten wurden. Auch hier würzt Dania lediglich mit ein paar Salzkörnchen und Knoblauch und löscht schließlich mit Vin Santo ab, der das Gericht mit seiner weinigen Süße abrundet.

VERLÄẞT MAN die Garfagnana nach Süden, durch das enge Tal des sich durch den Apennin zwängenden Serchio, vorbei an der erstaunlichen Brücke von Borgo a Mozzano aus dem 13. Jahrhundert, die sich wie ein Katzenbuckel hoch über den Fluß wölbt, erreicht man auf dem rechten Ufer kurz vor Lucca ein kleines Städtchen, Ponte a Moriano. Hier muß eigentlich jeder Feinschmecker einkehren, allerdings nicht ohne sich angesagt zu haben: im »La Mora«. Einen guten Kilometer vor dem Ort von der Hauptstraße abbiegen – das Hinweisschild kann man nicht verfehlen.

Vor einem Jahr ist das früher mit Holz und Kupfer eher rustikal ausgestattete Restaurant im hübschen rosa Haus umgestaltet worden. Jetzt sitzt man fein und elegant, in puderfarben schick gestylten Räumen, mit Ingo-Maurer-Lampen (Original) und Riedelgläsern (Kopie). Die früher nur im Sommer, bei schönem Wetter verfügbare, wein- und glyzinienüberwachsene Terrasse wurde jetzt zum ganzjährig genutzten Wintergarten, in dem man sich auch in trüben Herbsttagen heiter und lichtverwöhnt fühlen kann. (Photo auf der nächsten Seite).

Die Modernisierung hat übrigens auch Küche und Keller ausdrücklich mit einbezogen: Sauro Brunicardi hat sich der sogenannten linea italiana verschrieben, einer losen Vereinigung junger Köche und Restaurateure, die eine moderne Küche pflegen wollen – allerdings, und darauf legt vor allem Brunicardi großen Wert, immer auf der Grundlage der regionalen Rezepte und Traditionen. Sie sieht er als Basis seiner Küche, dieses kulinarische Erbe will er erhalten und davor bewahren, eines Tages in Vergessenheit zu geraten. Unterstützt wird er dabei von Angela, seiner Frau, die zusammen mit seiner Mutter in der Küche herrscht. Es ist die Luccheser Küche und die Küche der Garfagnana, an deren Fuß das Gasthaus liegt, die hier gepflegt wird. Eine Küche der Einfachheit, mit ihren Grundpfeilern Brot, Olivenöl und Wein. Dazu die Produkte der Gegend: Aale, Forellen, winzige Weißfischchen aus dem Serchio, zunehmend auch Störe aus einer nahegelegenen Zucht, Pilze, wilde Kräuter, Lämmer und Zicklein aus der

LA MORA: EINE KULINARISCHE ETAPPE

Garfagnana oder der herrliche Pecorino primo pascolo, der Käse, den man im April bis Mai gewinnen kann, wenn die Schafe zum ersten Mal wieder auf die sprießenden Bergwiesen geführt worden sind und eine besonders würzige Milch produzieren.

Das Produkt steht für Brunicardi mit seiner Qualität an allererster Stelle. Das betrifft auch die Weine. In seiner Enoteca, genau gegenüber dem Eingang zum Restaurant, bietet er, was in Italien im allgemeinen, in der Toskana im besonderen und in den nächstgelegenen Weinbaugebieten Colline Lucchesi und Montecarlo ganz speziell gut und oft nicht einmal teuer ist. Schwager Lorenzo Francesconi, der Sommelier, ist denn auch mit keinem noch so ausgefallenen Weinwunsch aus der Fassung zu bringen. Zur Begrüßung schenkt er ungefragt ein Glas erfrischenden Spumante aus. Als Antipasti werden kaum fingerlange Flußfischchen aus dem Serchio, kroß gebacken, aufgetischt. Der Forellensalat mit Artischocken ist mit Borretschblüten dekoriert – endlich: Denn überall sieht man den wilden Borretsch wuchern, aber nirgendwo sonst findet er Verwendung. Und wer glaubt, daß Gnocchi von Natur aus gummiartig sind, wird hier eines Besseren belehrt: Sie sind traumhaft locker und zart, in einer cremigen Paprikasauce mit ganz zarten, eben aus ihrer Schote gepalten Erbsen… erst vor zwei Stunden hat sie der Gärtner stolz gebracht.

Es wird in »La Mora« einfach richtig gut gekocht! Auch die mächtigen Traditionsgerichte sind plötzlich leicht und köstlich. Die Zuppa di farro, die berühmte Dinkelsuppe, beispielsweise, ist nicht deftig und mächtig, wie sonst, sondern geradezu schwerelos und delikat.

Das Gasthaus am Ufer des Serchio, nur zehn Kilometer nördlich von Lucca, ist seit mehr als hundert Jahren schon Raststation für Reisende auf dem Weg in die damals unwirtliche Garfagnana. Der Name weist bereits darauf hin: Das lateinische Wort *mora* bedeutet Rastplatz. Inzwischen aber hat Sauro Brunicardi aus dem einstmals schlichten Wirtshaus eines der renommiertesten und interessantesten Restaurants Italiens gemacht.

Nicht weit von Ponte a Moriano Richtung Norden befindet sich eine kleine Teichanlage. Hier werden seit kurzem Störe gezüchtet, die in der Gastronomie der Gegend zunehmend begehrt sind. Ihr festes, helles Fleisch läßt sich vielseitig zubereiten. Und schließlich: Früher war der Serchio voll von ihnen. Sie haben also Tradition. Und am Wochenende fallen die Angelfreunde ein, an guten Tagen ist rund um den See kein noch so winziges Plätzchen mehr frei.

Das Olivenöl der Fattoria Montagliari gehört zur Spitzenklasse: intensiv im Duft, würzig im Geschmack, dabei federleicht und elegant. Man probiert es am besten großzügig über frisch geröstetes Weißbrot geträufelt, das mit Knoblauch abgerieben ist. Dabei sollte man aufpassen, daß man von dieser Vorspeise nicht zuviel nascht, sonst bleibt hinterher kaum Platz mehr für die anderen Köstlichkeiten, auf die man sich hier versteht. Zum Beispiel ist die bistecca fiorentina hier ganz besonders zu empfehlen: das gewaltige T-Bone-Steak, das quer durch den halbierten Rücken eines jener weißen Rinder geschnitten wird, für die das Chianatal, südlich von Florenz, berühmt ist.

Einer allein kann das riesige Ochsenkotelett nicht schaffen; meist werden sogar drei davon mühelos satt. Dazu schmecken patate alla ghiotta, Kartoffeln nach Art der Feinschmeckerin: mit viel Olivenöl getränkt, verschwenderisch mit

Salbei, Rosmarin und Knoblauch vermischt und dann langsam im Ofen gebacken, bis die Kartoffeln gar und richtig knusprig sind. Es sind alles ganz einfache Gerichte, eben typisch toskanisch! Denn das Hauptaugenmerk von Minuccio Cappelli liegt nicht im Raffinement der Zubereitung, sondern vielmehr in der Auswahl der Zutaten. Ein Stilleben wie das auf der nächsten Seite kann nicht jeder Wirt aus dem Stand herrichten! An kühleren Sommerabenden und natürlich im Winter brennt in den beiden Gaststuben heimelig der Kamin. Im Sommer genießt man es, auf der Terrasse zu sitzen. Ob drinnen oder draußen, es ist immer gemütlich. Dabei ist alles ganz schlicht und einfach: Die Tischsets sind aus Packpapier, das Besteck aus Blech. Aber keine Angst: Wer sich aus Cappellis Keller einen guten Jahrgang ausgesucht hat, bekommt den Wein selbstverständlich in großvolumigen Gläsern serviert, damit er sich entfalten kann.

BRUNESCO

DIE LANDSCHAFT IN DER KRISE

DER TOURIST bereist die Landschaften und wähnt sich gerne in der Natur – wie wenig das stimmt, offenbart die Toskana besonders deutlich: eine in Jahrtausenden geprägte Kulturlandschaft, in Generationen bei unterschiedlichsten Gesellschaftsstrukturen unter unendlichen Mühen gewachsen. Die Gartenlandschaft um Florenz gilt seit 500 Jahren als eine Art Arkadien – doch trügt der schöne Schein!

Als im 13. Jahrhundert das Feudalsystem zusammenbrach, entkamen die Bauern zwar der Leibeigenschaft – wirklich frei indes wurden nur die wenigsten. Die städtisch geprägten Großgrundbesitzer erfanden die Halbpacht: Sie überließen dem Bauern, dem Mezzadro, ein gewisses Stück Land mit den nötigen Gebäuden, wofür er die Hälfte seiner Erzeugnisse abliefern mußte. Jeder Bauer bestellte sein Land, als ob es ihm gehörte, versorgte sich selbst mit allem. Hielt Hühner, Schweine und Kaninchen, züchtete Schafe und Rinder, baute Dinkel, Weizen oder Mais an, hatte Weinstöcke, Oliven- und Obstbäume, durfte in den Wald fürs Feuerholz, kultivierte Maulbeerbäume für die Seidenzucht und Weiden für Korbwaren. Eine Idylle, die jedoch nicht dauern konnte. Immer mehr Menschen mußten vom Land leben. Den Bauern blieb nichts übrig von dem, was sie erwirtschafteten, an ihre Kinder weitergeben konnten sie natürlich nichts. Die zunehmende Armut trieb sie schließlich zur Landflucht. Und als nach dem letzten Krieg die Halbpacht abgeschafft und den Bauern nunmehr auch die letzte Lebensbasis entzogen wurde, zogen sie in die Städte, als Gastarbeiter nach Norden oder wanderten aus.

Heute liegt mehr als die Hälfte des vor 80 Jahren noch bewirtschafteten Landes der Toskana brach, verfällt, versteppt, verkarstet…

Die stattlichen Herrenhäuser auf den Hügelkuppen in der südlichen Toskana sind nicht das Problem: Sie sind von den Landeigentümern oder auch von wohlhabenden Ausländern als Sommersitz ausgebaut und bewohnt. Es sind vielmehr die ehemaligen Bauernhäuser, die oft leer stehen und langsam vor sich hin rotten. Sie sind meist weniger idyllisch oder spektakulär gelegen und deshalb von Touristen weniger begehrt. Anders dagegen in der malerischen Landschaft des Chianti, wo sich die Anwesen hinter Wäldern und Hügelketten verbergen können und obendrein eine eindrucksvolle Aussicht bieten: Hier hat die Nachfrage von ausländischen Anlegern die Preise gewaltig in die Höhe getrieben. Für einen Bauern, der sich eine Lebensbasis schaffen will, völlig unerreichbar. Allenfalls verpachtet man ihm das Land . Da ist der Unterschied zur Halbpacht nicht groß.

Der vorsintflutliche Traktor muß seinen Dienst noch tun, wenn auch die allfällige Reparatur mehr Zeit in Anspruch nimmt, als der Bauer damit womöglich spart. Das Viehzeug, das den Hof bevölkert, ist für den eigenen Verzehr gedacht, vielleicht noch für die Verwandtschaft aus der Stadt, die regelmäßig zu Besuch aufs Land kommt und vergnügt mit vollen Taschen wieder heimfährt. Ein Täubchen, ein Huhn, Gemüse und Kräuter

aus dem Garten... Nur mit Olivenöl hat es in den letzten Jahren gehapert: Seit im strengen Winter 1984/85 nahezu alle Olivenbäume erfroren sind, hat es lange gedauert, bis man die leeren Ölkrüge wieder füllen konnte. Ein trauriges Bild: hundertjährige, knorrige Bäume mit dürren, vertrockneten Ästen. Glück hatte, wer damals die Bäume rigoros kappte: Die Wurzeln haben wieder Nebentriebe gebildet, aus denen dichte Büsche geworden sind.

ES WAR ein eiskalter, klarer Wintertag, als wir in den südlichen Zipfel des Chianti-Classico-Gebietes fuhren. Die Landschaft von feinem Schnee überpudert, die im Sommer belächelten, vor Glatteis warnenden Straßenschilder hatten Sinn bekommen.

Hoch über dem kleinen Ort Monti das Castello di Cacchiano. Die Zypressenallee schwarz im weißen Kleid, das Gemäuer abweisend. Drinnen genauso eisig wie draußen; die Hausherrin erscheint in Moon Boots und Thermo-Anzug, streift zur Begrüßung die Handschuhe ab. Dann umfängt uns wohlige Wärme: Wir sind im einzigen geheizten Raum des Schlosses, in einer Art Küche mit riesigem Kamin und Eßzimmer.

Die Baronessa Elisabetta Ricasoli wohnt im Winter hauptsächlich in Florenz, kommt nur gelegentlich heraus, um nach dem Rechten zu schauen. Von April bis November freilich lebt sie immer hier. Sie hat die Verwaltung des Gutes in die Hand genommen. Das war bitter nötig, denn lange Zeit hatte sich niemand so richtig um die Güter gekümmert. Das Stammschloß, Castello di Brolio, gegenüber Cacchiano gelegen, wurde an eine amerikanische Gesellschaft verkauft. Elisabetta Ricasoli konnte sich Cacchiano sichern, das sie inzwischen mit der Unterstützung ihres Sohnes Giovanni führt.

Die Weine, lange Zeit im qualitativen Mittelfeld angesiedelt, haben neue Brillanz gewonnen; nicht Menge, sondern Spitzenqualität wird produziert. Die Baronessa empfindet sich voll als Erbin ihres Urgroßvaters Bettino Ricasoli, der vor einem Jahrhundert den Chianti als Qualitätswein »erfunden« hatte. Und sie ist eine der wenigen, die begreifen, daß man sich mit der Garantie bei der neuen Regelung des DOCG, »Denominazione di Origine Controllata e Garantita«, keinen Gefallen getan hat: Man versteht außerhalb Italiens die Benennung so, daß Kontrolliertes nun noch garantiert wird, Kontrolle allein also gar nichts nützt. Gemeint war aber, daß über den kontrollierten Ursprung hinaus auch noch eine Garantie über die Qualität abgegeben wird. Nicht streng genug, meint Elisabetta Ricasoli mit vielen kleineren Produzenten, denn diese Garantie muß für die Massenweine großer Abfüller gelten. Die wahren Spitzenweine muß man also weiterhin bei den Gütern selbst suchen, man muß sie kennen. Daß die Einführung der neuen Garantie ausgerechnet mit dem Jahrgang 84 erfolgte, einem schwachen Jahrgang, empfindet sie als Pech – verweist aber darauf, daß gerade ihre Weine in diesem problematischen Jahr recht gut gelangen: Die freie Lage von Cacchiano erlaubte kaum Fäulnis in den Trauben, es regnete hier auch nicht soviel wie in anderen Regionen des Chianti.

Alte Familientradition ist ebenso das Essen, zu dem die Baronessa uns eingeladen hat: Wildente mit Orangen, die sie nach bewährter Art im Kamin über der Glut bereitet. Der Topf kommt auf einen Dreifuß, die Eichenglut wird je nach Bedarf daruntergeschoben, gegen Ende der Bratzeit auch auf den hohen Deckel gelegt, der über die Ente gesetzt wird, damit sie saftig bleibt. »Eine vollkommen andere Art zu kochen, für die man viel Zeit braucht«, sagt die Baronessa. »Aber der Geschmack! Wie alle Dinge, die ganz langsam garen müssen, zum Beispiel die ›fagioli al fiasco‹, die Bohnen in der Flasche: Man füllt die Bohnen in eine bauchige Chianti-Flasche, fügt Salz, Pfeffer, Salbei, Knoblauch, Wasser und etwas Olivenöl hinzu und setzt das Ganze in die heiße Asche – über Nacht, denn man läßt ja das Feuer nie ausgehen, häuft lediglich Asche über die Glut. Was glauben Sie, wie die Bohnen dann schmecken!«

Wir haben sie leider nicht probiert, dafür aber die wunderbare Ente, die wir von dem schönen, 200 Jahre alten Geschirr der Ricasoli speisten. Im Hintergrund flakkerte das Feuer – man braucht pro Tag einen Doppelzentner Eichenholz, das mühsam geschlagen, gesägt und herangeschleppt werden muß! –, im Glas funkelte eine Riserva des Castello di Cacchiano, die charmante Gastgeberin ... Wer spürt da noch die Unwirtlichkeit der winterlichen Toskana?

Der Chianti von Castello di Cacchiano kommt, wie die meisten toskanischen Rotweine, am besten in einem Bordeauxglas zur Geltung, das bauchig geformt ist, sich oben jedoch verjüngt, um die Aromen zu sammeln und gebündelt in die Nase zu leiten. Georg Riedel, Glasmacher aus Österreich, dessen Weingläser bei den Weinliebhabern und Winzern in aller Welt als die besten gepriesen werden, hat inzwischen auch ein spezielles Chiantiglas ausgetüftelt.

Es ist ein wenig gedrungener als das Bordeauxglas, also noch bauchiger, verengt sich aber ganz genauso. Natürlich sind die zarten Gläser fragil; die beiden Hausgehilfinnen der Baronessa sind jedoch den Umgang mit Kostbarkeiten durchaus gewohnt: Das Geschirr zum Beispiel, das sie auf dem Bild unten herbeitragen, ist mehr als 200 Jahre alt. Daß man damit behutsam umgehen muß, wissen die beiden sehr genau.

Die Baronessa hat eine Wildente zubereiten lassen. Und zwar so, wie man früher ausschließlich auf Cacchiano gebraten hat, direkt über der Glut im Kamin, nach einem alten toskanischen Rezept: mit Orangen. Eigentlich kennt man dieses Gericht als Canard aux oranges aus der französischen Küche. Es stammt jedoch, wie auch die Birnen in Rotwein (kleines Photo), tatsächlich aus der Toskana: Als Catarina de Medici als Ehefrau Heinrichs II. nach Paris kam, holte sie schleunigst ihre Köche aus Italien nach. Denn was ihr am Hof von Versailles vorgesetzt wurde, hielt sie für ungenießbar. Die italienischen Köche jedenfalls machten in Paris Furore. Das läßt sich heute noch an vielen Gerichten der französischen Küche ablesen. Wenn man auch auf der gepflegten französischen Tafel die Menage mit dem ganz frischen, noch dunkelgrün leuchtenden Olivenöl sicherlich nicht finden würde –

außer in der Provence. In der Toskana jedoch darf Essig und Öl selbst auf dem einfachsten Eßtisch nicht fehlen. Nicht nur für den Salat, den man sich meist bei Tisch selbst anmacht. Vor allem das Öl ist wichtig, nämlich zum Nachwürzen der verschiedensten Gerichte. Zum Beispiel Suppen brauchen unbedingt einen »Kringel« Olivenöl: man gießt sich einen kreisförmigen Klecks in die Mitte und verrührt ihn gut. Das gibt der Ribollita (Gemüsesuppe), Zuppa di fagioli (Bohnensuppe) oder Zuppa di farro (Dinkelsuppe) mehr Geschmack (Fett ist Aromaträger), macht sie außerdem bekömmlicher und besser verdaulich. Glücklicherweise sind die orci, die riesigen Terracottagefäße, in denen man Olivenöl aufbewahrt, auf Cacchino wieder gefüllt. Lange Jahre mußten die Ricasoli mit Öl knapsen, denn zwei kalte Winter hatten ihre Ölbäume sehr mitgenommen. Übrigens: Selbst süßes Schmalzgebäck wird in Olivenöl gebacken!

FLOHMARKT IN AREZZO

DASS DIE Stadt Arezzo eine lange und wechselhafte Geschichte hinter sich hat, sieht man ihr wirklich nicht an, wenn man auf sie zu fährt. Gesichtslose Betonburgen, billig und rasch hochgezogene Wohnhäuser sind der erste, wenig einladende Eindruck der am Fuße der vom Chianatal hochsteigenden Hügelkette liegenden Stadt. Aber: Als Arretium war sie schon für die Etrusker bedeutend, später für die Römer wertvoller Stützpunkt und im 12. und 13. Jahrhundert schließlich freie Stadtrepublik. Souverän, mit eigenem Parlament und eigener Universität. Es war die große Zeit der Stadt. Damals entstanden die prächtigen Palazzi, das Rathaus, das Geburtshaus von Petrarca, die romanischen Kirchen, der Dom San Donato, um derentwillen es sich auch heute durchaus lohnt, Arezzo zu besuchen. Und, natürlich, die Piazza Grande, jener merkwürdig stark geneigte Platz, der bei Antiquitätenliebhabern einen besonders guten Klang hat. Jeden ersten Sonntag eines Monats nämlich findet hier ein riesiger Flohmarkt statt. Die Piazza ist längst zu klein dafür geworden, mittlerweile haben die Händler auch die parallel verlaufenden und die angrenzenden Straßen und Plätze mit Beschlag belegt. Ganz Arezzo ist an solchen Tagen ein gigantischer Umschlagplatz für wertvollen wie wertlosen Trödel. Man kann hier alles finden, wenn man nur lange genug sucht. Von windschiefen Bugholzstühlen bis zu wirklich erstklassigen Antiquitäten, vom verbeulten Besteck aus Blech bis zum witzigen, harlekingeschmückten Osterei aus Biskuitporzellan …

Schnäppchen kann man in Italien selten finden; die Antiquitätenhändler wissen ganz genau, was ihre Sachen wert sind. Außerdem sind sie im Handeln wesentlich besser trainiert als die meisten Touristen. Trotzdem lohnt sich ein Besuch auf dem Flohmarkt in Arezzo, einem der bedeutendsten der Toskana. (Fast ebenso interessant: der Flohmarkt von Lucca, jedes dritte Wochenende eines jeden Monats auf dem Domplatz). Die Fülle macht's! Irgend etwas wird der Interessierte immer aufspüren; es werden die absonderlichsten Dinge angeboten – oftmals solche, von denen man gar nicht wußte, daß man schon immer nach ihnen suchte ... Und wenn man schon keinen Harlekin auf dem Osterei benötigt, vielleicht ist es ja der Mönch, dessen Haupt als Salzfaß dienen kann?

Vor allem im Winter, wenn die Hügel, die sich hinter Arezzo erheben, von puderfeinem Schnee überzuckert sind und nur die hartnäckigsten Trödelliebhaber dem Flohmarkt ihre Treue halten, ist man für einen wärmenden, herzhaften Imbiß dankbar: Über lodernder Holzkohle werden dicke, kurze Schweinswürstchen gegrillt, die stark nach Fenchel und Rosmarin duften und überdies mit Piment und Pfeffer kräftig gewürzt sind. Sie werden vor dem Grillen schräg eingeritzt, damit das Fett ein wenig ausbraten kann. Man packt sie kroß und knusprig zwischen zwei Brötchenhälften, die nach dem ersten Biß vom Würstchensaft durchtränkt sind.

Bestimmte Möbel lassen sich ganz gut auf einem solchen Flohmarkt aufspüren: Schränke vor allem und Kredenzen, jene hohen kommodenartigen Möbel oder auch hochbeinigen schmalen Tische, die ins Speisezimmer gehören, damit man darauf die Platten abstellen kann, wenn serviert worden ist. Seit auch in Italien die Stadtwohnungen kleiner werden und man auf ein eigenes Eßzimmer verzichten muß, werden solche raumgreifenden Möbel zunehmend ausrangiert. Wohl dem, der dafür in seiner Wohnung Platz hat. Solche eher unkommoden Einrichtungsgegenstände sind unter Umständen für günstiges Geld zu finden. Elegante, zierliche Möbelstücke jedoch, die sich überall gut einfügen, sind natürlich auch hier begehrt und entsprechend teuer.

MAN SUCHT nicht gerade in Italien nach erlesenem Konfekt. Feinste Schokoladen werden eher in der Schweiz produziert, in Belgien oder Frankreich. Italien bietet andere Köstlichkeiten.

Um so erstaunter ist man, wenn man unvermutet den Kreationen des Roberto Catinari begegnet. Das kann einem zum Beispiel im Chianti passieren, wenn man im Castello di Ama Wein einkauft und statt Sconto ein Kästchen wunderschöner Pralinen bekommt. Oder in der Trattoria »Il Poggio« in Poggio San Polo, wenn zum Espresso ein Schälchen mit Konfekt serviert wird. Zufällig jedenfalls gerät man sicher nicht in den kleinen Laden des besten Pralinenherstellers der Toskana, in Agliana an der Via provinciale zwischen Prato und Pistoia.

Als Roberto Catinari mit 17 von zu Hause aus dem Skiort Abetone abhaute, weil er keine Lust mehr hatte, zur Schule zu gehen, hätte niemand auch nur einen Pfifferling auf seine Zukunft gesetzt. Er verdingte sich damals in der Schweiz als Hausbursch in einem großen Hotel. Er liebte dort die Konditorei mit dem Duft von Butter, Sahne und Schokolade, von gerösteten Nüssen, schaute gerne zu und half auch manchmal aus. So lernte er sein Handwerk einfach durchs Zuschauen zunächst einmal, sozusagen von der Pike auf. 20 Jahre war er dort. Dann kehrte er zurück nach Hause, im Gepäck zwei gebraucht erstandene Schokoladenschmelzen – eine für weiße und eine für dunkle Schokolade.

Das war vor zwölf Jahren. Und heute reißen sich die Süßschnäbel Italiens um seine Produkte. Natürlich ist seine technische Ausrüstung inzwischen etwas umfangreicher und moderner geworden, aber es ist immer noch ein kleiner handwerklicher Betrieb. Alles ist hier hausgemacht, von den Früchten, die er selber einlegt, bis zum Eierlikör, den er mit erstklassigem Marsala aus Sizilien mixt, den Wal- und Haselnüssen, die er von Frauen aus den Bergen kauft, die sie für ihn auslösen, damit er sie kandieren kann, dem Kräuterlikör, den er aus Tannenblüten ansetzt.

Und es ist tatsächlich ein Zufall, daß genau im Nebenhaus noch zwei sitzen, die mit Leidenschaft ein erstklassiges, ein Spitzenprodukt herstellen: die Geschwister

ROBERTO CATINARI: SCHOKOLADE, KAFFEE UND SCHINKEN

Anna Chiara und Andrea Trinci. Sie haben den Betrieb vor wenigen Jahren von ihrem Vater Ercole Trinci übernommen, auch Signore Tricaffé genannt. So nämlich heißt das Produkt, dem er sein Leben gewidmet hat: ein Espresso-Kaffee von überdurchschnittlicher Qualität. Er wird ausschließlich aus Arabicasorten gemischt, den besten Hochlandkaffees aus den verschiedensten Anbaugebieten der Welt. Wobei besondere Sorgfalt jedoch nicht nur auf die Auswahl der Grundsorten, sondern auch auf das Röstverfahren gelegt wird. Und da sind die Trincis besonders eigen: Sie rösten ausschließlich mit Akazienholz. Das ist zwar mühsamer und natürlich teurer als mit Gas oder gar elektrisch, aber, so schwören die Geschwister, es ergibt dem Kaffee einen unvergleichlichen Geschmack. Ein Espresso daraus, mit einer ganz dichten, aber dünnen »crema« (Schaumschicht) obenauf, duftet intensiv, aromatisch, erinnert ein wenig an Kakao und Schokolade. Andrea Trinci strahlt: »So muß wahrer Espresso schmecken!«
Geröstet wird exakt 20 Minuten bei rund 200 Grad, Partien von jeweils 60 Kilo. Nicht mehr, weil sonst die Bohnen nicht gleichmäßig genug mit der Hitze in Berührung kommen. Auf großen Sieben kühlen die Bohnen möglichst rasch ab, am liebsten umfächelt vom Nachtwind, nicht, wie das sonst in großen Röstereien üblich ist, in Wasser. Anderntags werden sie zum Reifen für drei bis sieben Tage, je nach Jahreszeit, zurück in die Säcke gefüllt. Auch diese Ruhezeit ist für das Aroma wichtig. Für den Verkauf werden die ganzen Bohnen in dichte Alubeutel verpackt. »Um Gottes willen nicht vakuum – das ist schlimmer als tiefgefrorenes Fleisch!« Andrea schüttelt sich vor Abscheu. Und eigentlich sollte man Kaffee auch niemals bereits gemahlen kaufen. Für jede Tasse sollten die Bohnen frisch gemahlen werden, nur dann ist gewährleistet, daß alles Aroma erhalten bleibt, das nur zu rasch verfliegt, wenn die Bohnen einmal zerkleinert sind.
Die zweite große Liebe von Andrea Trinci gehört übrigens dem Wein. Er betreibt neben der Rösterei noch eine weithin gerühmte, vorzüglich bestückte Enoteca, in der sich nicht nur alles, was in der Toskana Rang und Namen hat, finden läßt,

sondern auch eine bemerkenswert kluge Auswahl von Weinen aus Frankreich und Kalifornien.

Und noch einen Meister auf seinem Gebiet kann man in Agliana finden. Den Salumificio Marini. Allerdings liegt der kleine Laden des Wurst- und Schinkenproduzenten ziemlich versteckt im Stadtteil Ferruccia. Die Suche lohnt sich indes, denn kaum irgendwo wird man noch einmal so gute Würste und Schinken finden. 800 Schweine im Jahr schlachten und verarbeiten die beiden Brüder Marco und Claudio Marini. Mehr können und wollen sie nicht, denn das wäre nur mit Qualitätsverlust möglich. Sie beziehen die Schweine von einem einzigen Betrieb, der die Tiere artgerecht aufzieht, also mit Auslauf und anständigem Futter, das zum größten Teil aus selbstangebautem Mais besteht. Und die Kapazität auch dieses Betriebs ist damit vollständig ausgeschöpft. Ein solches Schwein bringt gute 130 Kilo auf die Waage (nachdem es ausgenommen ist), verfügt über eine kernige, dicke, schneeweiße Fettschicht und über fettmarmoriertes, festes und geschmackvolles Fleisch. Nur mit Fleisch von solchen, gesund und glücklich aufgewachsenen Schweinen lassen sich wirklich gute Schinken machen, schwört Marco Marini. Nach traditioneller Art salzt er die Keulenstücke trocken ein und läßt sie, wenn sie ausreichend gepökelt sind, auf seinem Dachboden 12 Monate und länger langsam reifen. Hier herrscht das günstige Klima, mit der richtigen Balance zwischen Luftfeuchtigkeit und sanften Winden, die durch die ständig offenen, seitlichen Luken die Schinken gleichmäßig umfächeln. Fast noch wichtiger als sein Schinken ist jedoch seine Finocchiona, jene berühmte Toskaner Spezialität, die unbedingt auf den Vorspeisenteller gehört. Eine Art frischer, sehr grober Salami, die verführerisch nach dem wilden Fenchel duften muß, mit dem sie so großzügig gewürzt ist. Auf den ersten Blick mag man die Wurst mit den sichtbar vielen Fettstückchen vielleicht nicht so sehr verlockend finden, vor allem wer Angst um seine Linie hat – aber sie schmeckt umwerfend gut! Und schließlich die dritte Spezialität der Marinis: Pancetta, ein durchwachsener Bauchspeck, der mit Pfeffer und Ros-

marin gewürzt ist. Penne all'Arabiata, jene maccaroniähnlich dicken, aber kurzen Nudeln, die in einer scharf gewürzten Speck-Tomaten-Sauce geschmort werden, bekommen mit diesem Speck eine neue Dimension.
Übrigens: Wer in Agliana Ausschau nach einem Mittagessen hält, sollte es bei »Ovidio« probieren. Dort kann er als Antipasti von den Würsten der Gebrüder Marini kosten und nach dem Essen den Espresso der Geschwister Trinci trinken.

Das Schokoladenmachen hat Roberto Catinari in der Schweiz gelernt. Heute gibt es bei ihm mehr als achtzig verschiedene Schokoladensorten. Darunter sogar eine mit Chili gewürzte Praline aus weißer Schokolade. Sie ist rotgesprenkelt und die Schärfe prickelt auf der Zunge. Wunderbar auch seine Nußschokolade, für die er die Haselnüsse, die in der Nähe geerntet werden, selber röstet. Nur dann, so sagt er, kann er sicher sein, daß sie frisch und gut sind.

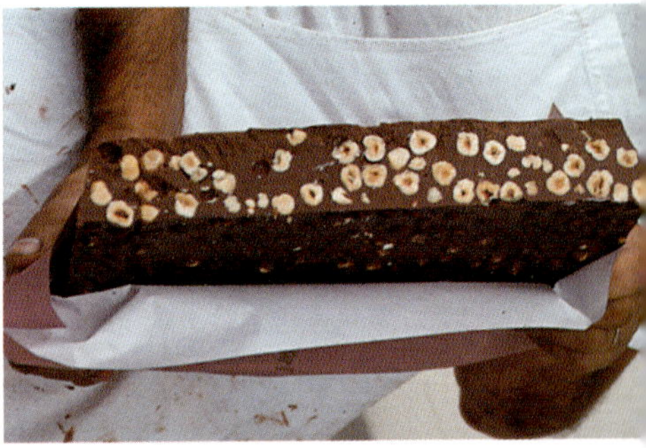

Seine berühmteste Spezialität allerdings sind »Werkzeuge« aus Schokolade. Dafür kommen die Kunden von weit her. Sie sehen wirklich täuschend ähnlich aus! Aber wie er sie herstellt, das verrät Roberto Catinari nicht.

Zum Photo auf der nächsten Seite: Die Geschwister Anna Chiara und Andrea (in Italien übrigens ein Männername!) Trinci vor ihrer Kaffeeröstmaschine, einem gewaltigen, eindrucksvollen Apparat.

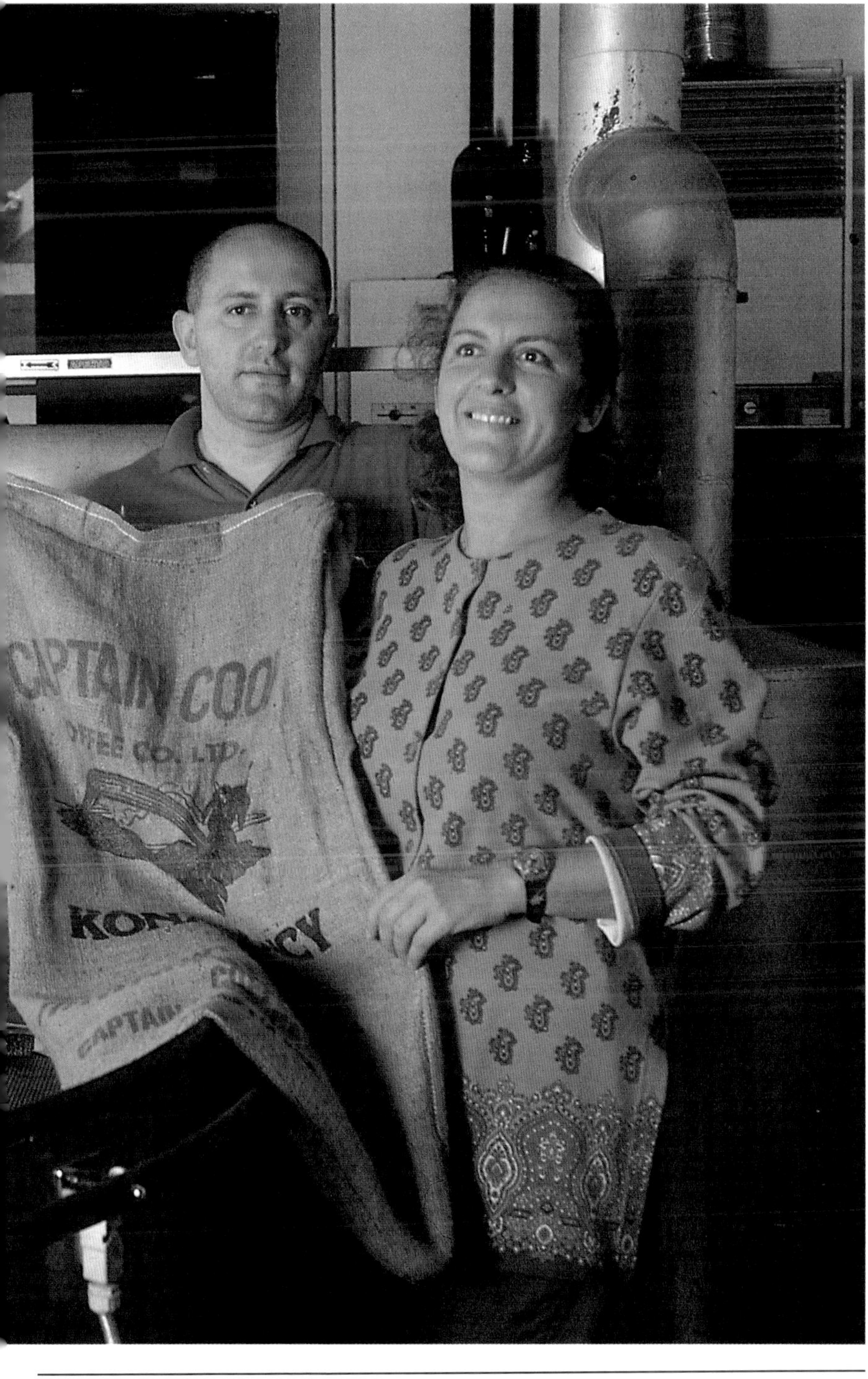
CAPTAIN COO
OFFEE CO. LTD.
CAPTAIN

An raumhohen Holzgestellen baumeln die präparierten Schinken und reifen langsam ihrer Vollendung entgegen. Die Gebrüder Marini gönnen ihnen dafür mindestens ein Jahr. In Italien ist die Hälfte üblich – in Deutschland übrigens kaum ein Drittel. Denn bei der Lufttrocknung verliert der Schinken, das ist klar, Gewicht, und das kostet bares Geld! Aber es ist für die Konsistenz und für den Geschmack das einzig Richtige.

Die Marini-Brüder: Der zierliche Marco (rechts) ist der Metzger; er schlachtet und produziert die Schinken und die Würste. Claudio geht ihm dabei zur Hand, kümmert sich darüber hinaus jedoch mehr um das Ladengeschäft. Dort hängt der Himmel voller herrlichster Würste und wunderbarer Schinken. Es sieht aus wie im Schlaraffenland.

IN DEN Straßen und auf den Brücken herrscht reger Verkehr: Die Florentiner leben jetzt wieder in der Stadt. Denn ihre Villen und Sommerhäuser im Umland lassen sich meist nicht heizen. Außerdem freuen sich die Städter nach einem langen Sommer auf dem Lande jetzt auf Urbanität. Man geht ins Theater, in die Oper, ins Konzert. Die Restaurants sind ebenso überfüllt wie im Sommer – aber die Ober sind freundlicher, aufmerksamer. Die Gäste sind bekannt und kritisch. Selbst die Touristen profitieren davon – es erweckt bei den Florentinern sogar ein wenig Bewunderung, wenn man im Winter ihre Stadt besucht.

Die Florentiner führen gern ein gastliches Haus – feiern aber noch lieber mit Freunden zusammen in einer Trattoria, einer Osteria, einem Restaurant. Deshalb bieten deren Speisekarten jetzt die größte und interessanteste Auswahl – man braucht ja auch nicht mehr Rücksicht zu nehmen auf den internationalen Geschmack der Sommergäste. Viele Spezialitäten kann man daher nur im Winter bekommen. Zum Beispiel die Salate: Wo im Sommer der milde Kopfsalat vorherrschte, leuchtet nun das grünrote Adergeflecht der bitteren Radicchioblätter aus den Schüsseln, ißt man, knoblauchgesättigt angemacht, grünen Radicchio und die herzhaften Rosetten des Löwenzahns. Beißend bittere Saucen zu Nudeln aus Radicchio oder der herben Catalogna, einer Löwenzahnart, würde man Touristen ebenfalls nicht zumuten.

In der Markthalle geht es indes betriebsam zu wie immer: Aus Sizilien kommt schon im Winter all das, was hier erst im Frühjahr oder gar Sommer zu haben ist. Die Fischhändler bieten mehr Muscheln und Krustentiere feil als im Sommer, der Fisch sieht makellos aus. Und die Fleisch- und Geflügelhändler haben ihr Angebot durch Wild ergänzt. Große Bratenstücke werden jetzt häufiger verlangt, die weniger edlen Teile braucht man für die kräftigen Saucen und »sughi«. Würste aller Art und Käse schmecken ebenfalls im Winter am besten.

Auch die Straßen haben ihr Bild seit dem Sommer geändert: Nicht farbenfrohe Touristen lockern die Strenge der Architektur, sondern die dunkel gekleideten,

STADT OHNE TOURISTEN: FLORENZ IST SICH IM WINTER SELBST GENUG

vermummten Gestalten der Florentiner unterstreichen sie noch. Die Schritte bekommen etwas Hastiges – wenn der Atem in Fahnen vor dem Gesicht steht, verliert sich die Lust am Flanieren. Die manchmal zu prunkvollen, zu repräsentativen Bauten der Bankiers des 14. und 15. Jahrhunderts sowie der Medici selbst, die immer wieder die anderen übertrumpfen wollten, scheinen im klaren Licht des Winters noch gewaltiger, manchmal fast unmenschlich.

Als Florenz 1865 erste Hauptstadt des geeinigten Italien wurde, brauchte man wieder neue Prachtbauten – vielleicht war es für Florenz ein Glück, daß man bereits 1871 Rom zur Hauptstadt gemacht hatte; so kam ›nur‹ knapp die Hälfte des mittelalterlichen Stadtkerns unter die Spitzhacke, und weite Teile des republikanischen Florenz blieben erhalten. Auch sie nicht ohne selbstdarstellerische Perspektiven, aber doch einfach und organisch gegliedert, den verschiedenen Funktionen der Stadt die nötigen Bereiche öffnend. Man merkt die Unterschiede sofort, wenn man durch die Straßen läuft und sich stets von neuem hineingezogen fühlt in die Gäßchen, die Geborgenheit vermitteln, deren Biegungen Lebendigkeit schaffen und deren Winkel, Ecken und Plätze Ruhepunkte bieten. Wie unversehens kann man dann plötzlich die Stadt in ihren Dimensionen erfassen. Man merkt plötzlich, daß nichts wirklich weit voneinander entfernt ist. Daß alles zusammenhängt, daß die Brücken wunderbare Bindeglieder zwischen den Stadtteilen sind, Ruhe und Freiheit ausstrahlend. Daß Florenz wirklich eine Stadt seiner Bewohner, für Menschen ist, wenn man seine Schritte nicht nur macht, um drängelnden, neugierigen, rücksichtslosen Menschenmassen auszuweichen. Jetzt genießt auch der Fremde die Stadt mit neuem Empfinden, fühlt sich endlich integriert und läßt sich vielleicht von der Beredsamkeit der Florentiner anstecken, wodurch der wärmende »caffè« in der Bar zu einem Ereignis des Alltags werden kann ...

Der Ponte Vecchio: Verschlossen zeigt sich dem Betrachter eines der Wahrzeichen von Florenz, die Brücke über den Arno mit ihren Läden und dem »geheimen« Gang, der die Uffizien mit dem Palazzo Pitti auf dem anderen Ufer des Arno verbindet. Hier geben sich Handel, Verwaltung und Museum ein einzigartiges Stelldichein – unprätentiös, ganz selbstverständlich gewachsen, unauffällig. Der Ponte Vecchio wurde 1333 erbaut, ursprünglich vollkommen geschlossen, erst 1565 hatte Vasari die Bögen in der Mitte geöffnet und mit dem Gang versehen. Zunächst hatten hier die Metzger ihre Heimstätte, doch als die Brücke immer wichtigeres Zentrum wurde, mußten sie auf großherzoglichen Befehl den repräsentativeren Juwelieren weichen. Die sind heute immer noch da, bieten allerdings hauptsächlich Tand an; aber der Umsatz ist enorm. Auch Tuche und Spitzen bringen soviel Geld, daß sich die Händler Villen mit Weingütern im Chianti kaufen können. Der lange Vasari-Gang, zunächst strategisch wichtige und uneinsehbare Verbindung zwischen den Stadtteilen, dient heute als Ausstellungsraum für die großartige Sammlung von Selbstportraits. Die Uffizien, ebenfalls von Vasari für Cosimo I. de Medici als Verwaltungsbau (»Office«) errichtet, waren gleichzeitig Schaltzentrale absolutistischer Staatsmacht wie Museum: Von Anfang an fanden die umfangreichen Kunstsammlungen der Medici im obersten Stockwerk Unterkunft.

Florenz: Haupt- und größte Stadt der Toskana, Mittelpunkt der Regierungsgewalt, Sitz der wichtigsten Banken und Firmen, der Konsortien und Verbände. Eine Stadt der Dienstleistungen, des Handwerks, des Handels, kleiner und einiger mittlerer Industriebetriebe, nur ganz weniger großer Unternehmen. Ein deutliches, aber nicht auftrumpfendes Zentrum wirtschaftlicher Macht.

Florenz: Die Villen der Reichen in Gärten und Parks auf den Hügeln, das gutsituierte Bürgertum in den gediegenen Wohnhäusern im Osten, die Arbeiter und kleinen Angestellten in den Betonsilos in der weiten Talebene des Westens.

Florenz: natürlich, Stadt der Kunst! Erst in der Mitte des 19. Jahrhunderts für die Neuzeit entdeckt – Goethe reiste noch achtlos hindurch, sehnte sich nach Klassik, gierte nach Rom, den griechischen und römischen Ausgrabungen. Erst mit der Wiederentdeckung der Renaissance, die ja ihrerseits die Klassik »wiedergeboren« hatte, mit den Kultur- und Kunsthistorikern John Ruskin und Jacob Burckhardt, rückte Florenz als ein Gesamtkunstwerk ohnegleichen in den Mittelpunkt kunstgeschichtlicher Auseinandersetzungen und Betrachtungsweisen. Heute sehen wir die vom bürgerlichen Zeitalter zu Heroen stilisierten toskanischen Künstler (die ja meist einfache Leute waren) nicht mehr als Erfinder eines bedingungslosen Künstlertums, sondern als die fähigsten Vertreter eines von der gesamten Bevölkerung getragenen Kunstwillens. Nicht individuelle Selbstverwirklichung war das Ziel des Renaissance-Künstlers, sondern die Erforschung und Gestaltung der Natur und der menschlichen Fähigkeiten, dienend dem besseren Verständnis der Menschen und der Schönheit der gesamten Stadt und des Landes.

Florenz: Stadt der Handwerker, die ihre Zünfte arti, also »Künste«, nannten – zwischen Kunst und Handwerk machte man noch keinen Unterschied. Denn gutes Handwerk ist eben Kunst, und die Wirkung jeder Kunst hängt vom handwerklichen Können des Schaffenden ab. Was früher galt, gilt heute noch: Nichts, was hier nicht noch von fähigen (und darauf mit Recht stolzen) Könnern und Künstlern hergestellt wird – von Kronleuchtern über Skulpturen bis zu Fliesen und Armaturen (Riccardo Barthel, Via dei Fossi), Stoffen und Kleidern (Florentiner Mode), Möbeln und Tapisserien (Lisio, Via dei Fossi), edlen Papieren und kostbarem Schmuck. Alte Kunst überall – und immer wieder dazwischen die kaum vom Original zu unterscheidende Kopie: Man versteht hier eben immer noch sein Handwerk!

Florenz: alte Viertel neben neuen Vororten. Und kaum eine Straße ohne ihren Wein-, Käse- und Gemüseladen, ohne Bar, in der man frühstückt, zwischendurch ein Gläschen nimmt, seinen Apéritif trinkt, seinen Verdauungs-Espresso schlürft und einen wohltuenden Bitter kippt. Da kennt fast jeder jeden – und so ordnet sich die verwirrende Vielzahl von unterschiedlich funktionierenden Stadtteilen für die Bewohner in den überschaubaren Strukturen des vertrauten Alltags. Die Ansprüche der »Verbraucher« sind hoch – als sachkundige Spezialisten verlangen sie stets beste, ihren Preis werte Qualität. Und auch die Händler haben den Ehrgeiz, ihr Bestes zu liefern.

Kontinuität und Öffnung zu Neuem: Das auf alt gemachte Ladenschild des Cibreo – gegründet nicht vor hundert Jahren, sondern gerade eben – illustriert den Gedanken perfekt: Fabio Picchi führt wie anno dazumal eine willkürlich erscheinende Mischung von ganz unterschiedlichen Produkten, die nur eines gemeinsam haben – sie sind von höchster Qualität und werden nach althergebrachten Methoden hergestellt oder angebaut. Im gleichnamigen Restaurant um die Ecke bietet Picchi eine aus der Florentiner Tradition gewachsene Küche. Frei und florentinisch übrigens seine ganze Haltung, geistig wie körperlich – er scheint unmittelbar einem Bild der Hochrenaissance entsprungen!
Wer Weine kaufen will, einfache oder anspruchsvolle, übliche oder seltene toskanische, geht zu Bonatti in die Via V. Gioberti – dort gibt es sachkundige Beratung, für den, der mag und Zeit hat, stets auch eine kleine Probe, und es gibt köstlichstes Olivenöl; wie seit Jahrhunderten in der Toskana üblich schöpft es Bonatti aus einem großen orcio, dem Terracottagefäß, und er verkauft es, wie es sich gehört, kilo-, nicht literweise!

In der eleganten Via Tornabuoni, dort, wo die Couturiers und Designer ihre schicken Läden haben, findet sich »Procacci«, ein vornehmes Delikatessengeschäft der alten Schule, geradezu von englischer Prägung. 1885 gegründet, hält man hier viel auf Tradition. Die Verkäufer sind wie Herren gekleidet, sie tragen Blazer aus feinstem Tuch mit Goldknöpfen. Signora Procacci thront würdevoll an der Kasse. Berühmt ist der Laden für seine erlesenen pannini, kleine, nur bissengroße, weiche Brotchen, die mit Trüffelpaste, mit Lachscreme, Heringsbutter und anderen guten Dingen bestrichen sind. Dazu trinkt man aus einem zierlichen Gläschen einen Schluck Spumante und kann sich anschließend mit neuen Kräften der anstrengenden Aufgabe des Geldausgebens widmen.

Die kleine Trattoria »Le Mossacce« in der Via del Proconsolo ist genau richtig, wenn man mittags anständig essen will. Allerdings muß man sich recht zeitig einfinden, denn in der winzigen Gaststube haben höchstens vierzig Personen Platz; und es gibt viele Stammgäste! Kein Wunder, denn hier ißt man reell, gute, einfache toskanische Hausmannskost: in den Suppen und Eintöpfen steht der Löffel, die Nudelgerichte werden hoch in die tiefen Teller gehäuft, und die Fleischgerichte sind herzhaft und kräftig. Auf den Tischen liegt Packpapier, je eine Flasche Rotwein und Wasser stehen schon bereit – berechnet wird nach Verbrauch –, und durch eine Glaswand kann man in die Küche schauen.

Im »Cibreo« geht es zwar ebenso fröhlich, aber etwas eleganter zu. Ebenfalls winzig klein, mit höchstens acht Tischen ist es ein besonders hübsches Restaurant, gleich in der Nähe der Piazza S. Ambrogio, wo auch der kleine tägliche

Trödelmarkt angesiedelt ist. Hier serviert man toskanische Gerichte auf leichtere Weise. Wenn der schnurrbärtige Padrone Fabio Picchi die wenigen köstlichen Gerichte aufzählt, die die Küche vorbereitet hat, fühlt man sich wie bei einem Freund zu Gast. Der dazugehörige Delikatessenladen ist zwar an seiner Rückseite mit dem Restaurant verbunden – um ihn zu betreten, muß man allerdings auf der Straße um die Ecke laufen. Im bis zur Decke hoch mit schönen alten Ladenregalen ausgestatteten Raum hat Picchi zusammengetragen, was er an guten Produkten aus aller Welt gefunden hat. Einziger gemeinsamer Nenner: beste Qualität!

Eine Trattoria wie aus dem Bilderbuch ist die wunderschöne, alte »Fiaschetteria Il Latini« in der Via Palchetti. Hier hängt der Himmel voller malerischer Schinken, selbstverständlich durchaus zum Verzehr gedacht. Tische mit weißen Tischdecken – natürlich Stoffservietten.

Ein Bummel durch die Halle des Zentralmarkts von Florenz ist für jeden, der sich auch nur ein bißchen fürs gute Essen interessiert, ein Muß. Man sollte unbedingt ein wenig Hunger mitbringen: Um die Zeit des zweiten Frühstücks ist man hier genau richtig. Gleich rechts vom hinteren Eingang ist der Stand der Familie Norbone – heute mit feinem Firmenschild ausgestattet, bis vor kurzem noch völlig schmucklos. Gottlob hat sich mit der Renovierung nichts in den Kochtöpfen geändert: Früher wie heute bekommt man hier die gleichen fabelhaften Brötchen, dick belegt mit dünnen Scheiben von gekochtem Rindfleisch oder Kutteln. »Bagnato?« wird man gefragt. »Naß?« Ob das Brötchen mit Brühe benetzt sein soll, oder ob man es trocken bevorzugt, das ist hier die Frage. Es ist Geschmackssache; wie auch, ob man lieber nur Mageres haben will oder ein wenig von der kernigen Fettschicht schätzt.

Jeder würzt sich sein Brötchen mit Salz und Pfeffer. Wer Schärfe liebt, pudert noch einen Hauch Cayennepfeffer darüber, und jetzt hineinbeißen ... einGedicht! Im Erdgeschoß sind die Fischhändler und die Metzger. Gegen Mittag werden die Fischhändler unruhig; was sie bis jetzt noch nicht verkauft haben, kriegen sie heute nicht mehr zum guten Preis los. Da überbieten sie sich mit ihren rauhen Stimmen und rufen ihre Sonderangebote den noch unschlüssig prüfenden Hausfrauen zu. Nicht alle Fische sind frisch – an manchen Ständen wird nur Tiefgekühltes angeboten; das steht allerdings eigens dran. Tiefkühlkost ist viel billiger als frische Ware. Bei den Metzgern hängen frisch geschlachtete Kaninchen, nackt, als hätte man ihnen ihren Pelz ausgezogen. Der Kopf ist dran, damit die Hausfrau das Alter überprüfen kann. Überhaupt sieht das Fleisch, auch die Innereien, appetitlich aus.

Die Markthalle von Florenz, der mercato centrale, ist ein stattlicher Bau, dessen filigrane Eisenarchitektur nur von innen zu bewundern ist. Besonders schön, wenn bei strahlendem Wetter die schwarzen Schnörkel sich in hartem Kontrast gegen das Blau des Himmels abzeichnen. In der oberen Etage sind die Gemüsehändler untergebracht. Hier ist mehr Licht als im düsteren Erdgeschoß, hier können die bunten Salate und Früchte, die Kräuter und Gemüse um die Wette leuchten. Da wird gehandelt und gefeilscht, gewogen, geprüft und aussortiert, geschwatzt und geschimpft – letzteres vor allem, wenn wieder zu viele Touristen im Wege stehen, staunen, photographieren und bei der Arbeit stören. Es häufen sich hier die guten Dinge: Berge von Steinpilzen, verschiedenste Sorten, genau ausgewiesen, wo sie gewachsen sind. Sie sehen tatsächlich so unterschiedlich aus, daß man ihnen glaubt,

daß sie unterschiedlich schmecken. Hier leuchten die letzten Tomaten aus Sizilien, dort sind prächtige Trauben in Seidenpapier gebettet. Und die Oliven haben gerade Saison! Ihr Grün ist unerhört leuchtend, so gar nicht olivfarben, wie man das kennt. So werden sie erst, wenn sie in Salzlake ausreichend lange haben baden dürfen. Viele Hausfrauen legen ihre Oliven selber ein. Dafür muß man die grünen, also unreifen Früchte zunächst mit einem Stein so quetschen, daß sie aufplatzen. Um sie zu entbittern, werden die Früchte drei Tage gewässert, dabei muß das Wasser morgens und abends erneuert werden. Dann bedeckt man sie mit Salzlake, für die man pro Liter einen gehäuften Eßlöffel Salz benötigt: Aufkochen und abgekühlt über die Früchte gießen. Gut verschlossen halten, die Oliven mit einem sauberen Löffel entnehmen. Sollte die Lake trüb werden, frische kochen und die Oliven damit bedecken.

Begonnen hatte alles 1975: Giorgio Pinchiorri hatte in einem alten Palast in der Via Ghibellina, im Herzen der Stadt, eine Enoteca, eine Weinprobierstube, eingerichtet. Sie hieß Enoteca Nazionale, weil es nur italienische Weine gab – man konnte alles probieren, auch glasweise, was in Italien Rang und Namen hatte. Dazu gab es einen kleinen Imbiß, ein paar Crostini, dünn geschnittenen Schinken, Käsewürfel. Bald aber fragten die Gäste nach mehr – und weil Giorgios Frau, die Französin Annie Feolde, so gern wie gut kochte, übernahm sie diesen Part: Es wurde täglich ein Buffet aufgebaut. Jeder konnte sich bedienen und essen, soviel er wollte. Ein Riesenerfolg. Aber die wohlhabenden Geschäftsleute, die ihre Gäste hierher ausführten, fanden bald, es wäre doch ein wenig laut, nicht vornehm genug. So beschlossen Annie Feolde und Giorgio Pinchiorri, ein richtiges, feines Restaurant daraus zu machen.

Heute gehört die Enoteca Pinchiorri zu den besten Restaurants der Welt, mit einem einzigartigen Weinkeller, luxuriöser Ausstattung und einer überaus sorgfältigen und delikaten Küche. Nur die Florentiner schmollen: Es ist ihnen eine zu neue Art der Küche, keine »cucina della mamma« mehr.

Dabei herrscht auch hier eine Frau in der Küche – inzwischen assistiert von einem französischen Küchenchef, der ihre Ideen perfekt umzusetzen versteht. »Mit italienischen Köchen ist das nicht zu machen«, seufzt Annie, »denn sie arbeiten einfach zu schlampig; parieren hier ein Bries nicht sauber, lassen dort die harte Schale eines Spargels stehen. Und daß wir, wie international üblich, die Fische filieren und mit einer Pinzette die Gräten ziehen, bevor wir sie verarbeiten, finden Sie übertrieben und lächerlich! Nun, die italienischen Gäste verstehen mit ganzen Fischen umzugehen, aber unsere ausländischen Besucher – und das sind inzwischen die meisten, von denen leben wir – können das nicht, darauf müssen wir uns also einrichten!«

Das gleiche gilt für manche Zutaten, vor allem für Kräuter und weniger übliche Gemüse: »Auf der einen Seite verlangen die Florentiner von uns, daß wir Beson-

EINES DER BESTEN RESTAURANTS DER WELT: ENOTECA PINCHIORRI

deres bieten, andererseits essen sie nur, was sie kennen – das ist unser Dilemma! Und ich muß mir, weil die Gärtner hier das nicht anbauen, gewisse Gemüse aus der Provence holen, runde Courgettes zum Beispiel, oder manche Kräuter – Thymian kennt man in der Toskana gar nicht. Und die Zutaten für Konfekt und feine Patisserie muß ich ebenfalls aus Frankreich kommen lassen.«

Das meiste allerdings liefern Gärtner und Händler, die ihre besten Produkte in der Enoteca vorbeibringen. Sie wissen, daß hohe Ansprüche gestellt werden, richten sich darauf ein und bekommen auch mehr Geld.

Annie kocht eine schnörkellose Küche, verleugnet nicht ihre provenzalische Herkunft, hat sich aber ganz auf die Toskana eingestellt – alles schmeckt bei ihr zart und intensiv zugleich, begeistert durch meisterhafte Klarheit. »Niemals werden sie bei mir schwere Saucen finden – ich ziehe Kräuter und die Aromen von Gemüse der Schwere von Butter und Sahne vor.«

Herzstück des Restaurants ist der Weinkeller, den zu besichtigen sich lohnt! Prachtvoll die Stapel großer Bordeauxweine, darunter eine beeindruckende Sammlung von alten Château d'Yquem. Lückenlos die letzten 40 Jahre von Château Mouton in Magnum und halben Flaschen. Lafite, Pétrus, Cheval Blanc und Margaux aus guten und besten Jahren: die großen weißen und roten Burgunder; seltene Champagner, auch in Magnum, Doppelmagnum und Jéoboam – man merkt, daß die Italiener gern groß feiern! Dann die italienischen Weine: Kein Weingut von Rang und Namen, das hier nicht vertreten wäre. Besonderes Augenmerk richtet Giorgio Pinchiorri natürlich auf die Toskana. So kann sich hier der interessierte Weinliebhaber wirklich einen umfassenden Überblick über die aktuellen Tendenzen im italienischen Weinbau verschaffen. Doch ist Pinchiorri kein Lokalpatriot: Die besten Piemonteser Häuser sind ebenso vertreten wie andere Spitzenwinzer Italiens.

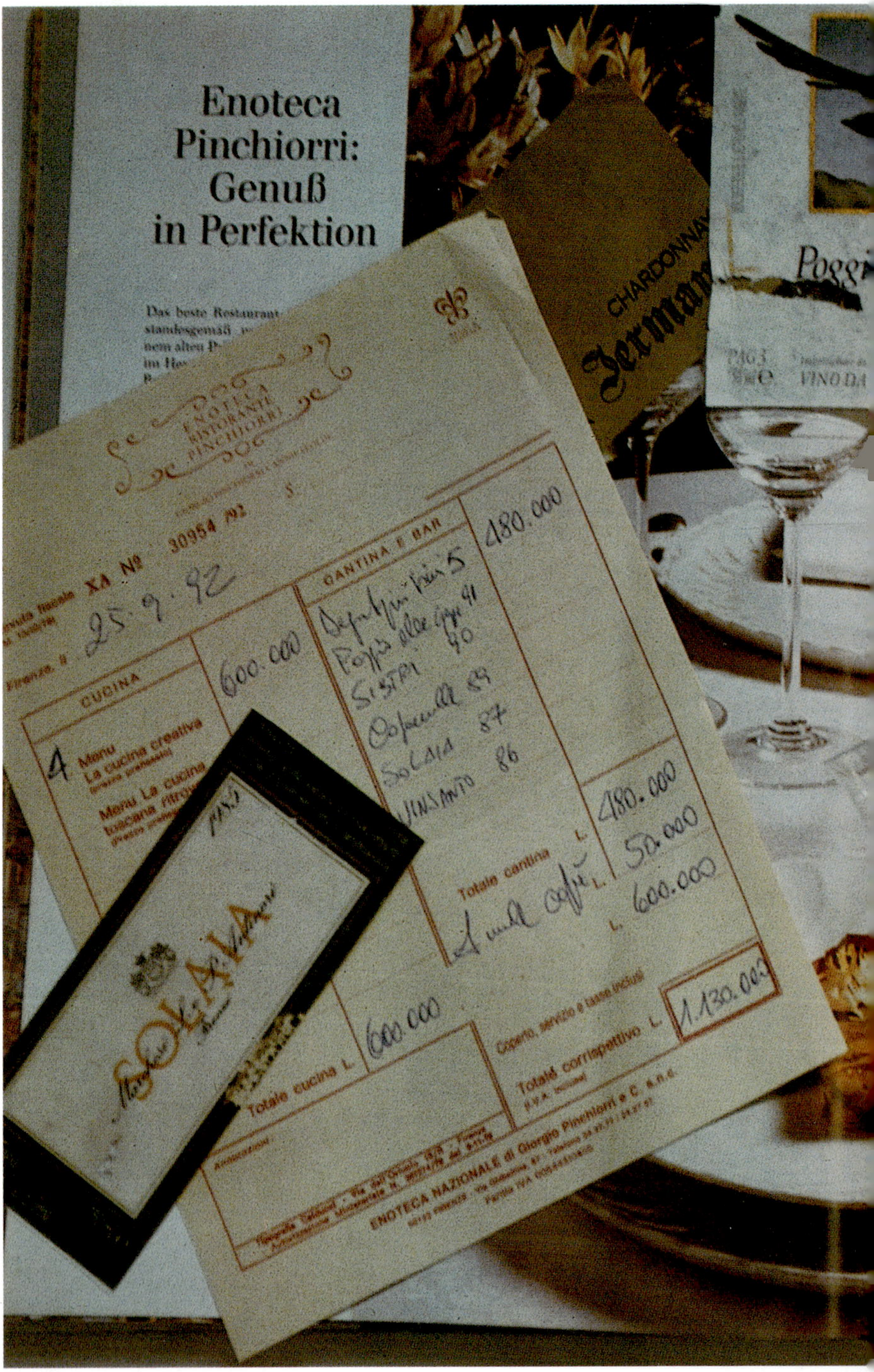
Enoteca Pinchiorri: Genuß in Perfektion
CHARDONNAY
CUCINA
CANTINA E BAR
Totale cucina L.
Totale cantina L.
Totale corrispettivo L.
ENOTECA NAZIONALE di Giorgio Pinchiorri e C. s.n.c.
SOLAIA

I SISTRI
I SISTRI
1990
BIANCO DA UVE
CHARDONNAY
Capannelle
1989
CHARDONNAY
TOSCANA

ZUFÄLLIG KOMMT man sicher nie nach Artimino. Es sind zwar nur 17 Kilometer von Florenz. Aber die nordwestlich der City gelegenen Monti Albani gehören nun mal nicht zur touristischen Standardstrecke. Manche Reiseführer geleiten den Kulturbeflissenen vielleicht wegen der Villa dei Centi Camini, der Villa mit den hundert Kaminen, hierher, einem Jagdschloß Ferdinands I. de Medici aus dem 16. Jahrhundert. Daß sich genau gegenüber, jenseits eines an den Hang geschmiegten Weingartens, in der ehemaligen Scuderia, dem Marstall also und zugleich eine Art Jägerhütte, heute ein Landgasthof befindet, für den alleine sich ein Umweg lohnen würde, verrät der Kunstführer nicht.
Die Trattoria »Da Delfina« ist jedoch in der Umgebung durchaus bekannt und beliebt. Sie wurde von Mamma Delfina Giusti gegründet, inzwischen von ihrem Sohn Carlo Cioni übernommen, einem, dem sein Beruf bis zur Besessenheit Spaß macht. Er geht den Rezepten und Traditionen toskanischer Küche so lange mit Forschungslust und Spürtrieb auf den Grund, bis er weiß, warum sie so und nicht anders sind.
»Man hat früher viel leichter, viel gesünder gekocht«, sagt er und erklärt auch, wieso: »Nehmen Sie zum Beispiel das Öl. Es war bares Geld. Damit durfte, konnte man nicht verschwenderisch umgehen, es gab höchstens löffelspitzenweise davon. Mehr konnte man sich einfach nicht leisten!« Und er ist sich sicher: »Korrekt nach alten Rezepten und Regeln zubereitetes Essen kann niemals zu fett oder zu schwer sein!« Seine Philosophie: die alte toskanische Küche pflegen, aber nach modernen Regeln, mit neuer Technik – das bringt allerhöchsten Genuß! Es ist eine einfache Küche, die mit einem Minimum an Gewürzen und Öl auskommt, weil man sich auf die eigenen, natürlichen Aromen der Zutaten verlassen kann. Das bedeutet aber auch: Sorgfalt beim Einkauf. So stammt das Fleisch, das er verwendet, aus kleinen, bäuerlichen Betrieben, die nur eigene Produkte verfüttern, das Gemüse aus Gärten, die noch traditionell bearbeitet werden, Kräuter, Salate, viele Gewürze werden in freier Wildbahn gesammelt.

DA DELFINA: KÜCHE MIT GESCHICHTE

In den alten Aufzeichnungen und Rezeptbüchern, die Carlo Cioni studiert, findet er geschichtliche Zusammenhänge und Hintergründe: »Früher mußte man sich mit Geringem bescheiden, weil man arm war und nichts im Überfluß hatte. Heute kommt man aus genau dem entgegengesetzten Grund wieder darauf zurück – wir sind zu reich geworden, der Überfluß macht uns krank. Deshalb müssen wir sparen, an Fett, an zu reichlich, an zuviel.« Er schimpft über die von Städtern verfälschten Rezepte, wenn sie mit Zutaten angereichert sind, die mit der Region nichts zu tun haben: »Zum Beispiel der Sugo, die Sauce, für die Pasta, die Nudeln: Hier, rund um Florenz, hat darin Schärfe von Chilis nichts zu suchen. Sie spielt allenfalls da unten, in der Maremma, eine Rolle, wo aus Latium die pikanten Düfte herüberwehen – aber nicht hier bei uns!« Er kann sich in Rage reden, wenn er nur daran denkt. Und wie sieht nun der wahre, der einzige Sugo toscano aus?

Sehr, sehr wenig Fleisch, nur etwas Tomate – im Sommer mehr als im Winter, viel, viel Zwiebel und Wasser. Langsam, auf sehr mildem Feuer geköchelt, niemals heftig brodelnd, sonst würden die Aromen davonfliegen. Als Gewürz allenfalls ein paar Körnchen Salz. Aber schon Pfeffer, der schließlich hier nicht wächst, wäre überflüssige, luxuriöse Zutat.

Es wurde natürlich auch nichts weggeworfen! Daß man beispielsweise die dikken, fleischigen Artischockenstiele wegschneidet, wäre früher einfach undenkbar gewesen! Man schälte sie dünn von ihren äußeren Fasern und schmorte sie mit ein paar zerdrückten Tomaten, einigen Tropfen Öl und Wasser. Ein Gemüsegericht von delikater Köstlichkeit, das heute kaum mehr einer aufzutischen wagt.

Oder die Vanillecreme, die es zum Biskuit gibt, so, wie sie die Engländer in Florenz eingeführt und als Zuppa inglese bekannt gemacht haben. Sie konnten sich die armen Bauern nicht leisten. Sie hatten Eier, sie hatten Milch, aber sie hatten natürlich keine Vanille. Man würzte also kurzerhand mit Zitronen- oder Orangenschale, beides wuchs sozusagen vor der Haustür, war schließlich reichlich vor-

handen. »Probieren Sie aus«, sagt Carlo Cioni beschwörend, »es schmeckt tatsächlich viel interessanter!«
Wie ein Detektiv ist Carlo Gioni hinter den Ursprüngen der alten und antiken Küche her und bringt die Ergebnisse seiner Forschungsarbeit – stolz wie ein Eroberer seine Schätze – an den Mann beziehungsweise an seine Gäste. Die Suche nach den verlorenen Rezepten einer anderen Zeit ist ja tatsächlich nicht ganz einfach: Die Bauern konnten nicht schreiben. Und auf dem Weg der mündlichen Überlieferung ging so manches verloren. Was in die Bücher gelangte, sagt Cioni, ist in den seltensten Fällen authentisch. Wer schreiben konnte, war dem bäuerlichen Leben längst entwachsen und wußte nichts von ländlichen Zusammenhängen. So wurden die Rezepte angereichert, verstädtert, falsch verstanden und also verfälscht. Deshalb ist seine Freude jedesmal groß, wenn er wieder ein altes Rezept hat aufspüren können. Und er ruht nicht, bis seine Gäste nicht nur das Gericht probiert, sondern auch seine Geschichte vernommen haben.
Natürlich gehört zum Essen auch der Wein. Gleich nebenan, in der Fattoria Artimino, produziert man Wein seit den Zeiten der Medici. Jedes Jahr sucht sich Carlo Gioni die besten Fässer aus, die dann speziell für ihn ausgebaut und abgefüllt werden. Sein Hauswein ist also hochanständig! Das Ursprungsgebiet ist als Carmignano (DOC) eigens ausgewiesen. Ein kleines, immer noch eher unbekanntes, aber durchaus feines Gebiet, das zu entdecken sich noch lohnt.

Eine ganz originale, althergebrachte toskanische Küche, ohne Schnickschnack, reduziert auf das Wesentliche, findet man bei »Delfina« in Artimino. Schmale Sträßchen führen hinauf in den kleinen Ort, von dem aus man einen herrlichen Blick in das weite Land genießt. Deshalb ist es wichtig, daß man sich bei schönem Wetter rechtzeitig einen Tisch auf der Terrasse sichert. Zum Essen trinkt man hier einen Wein der Fattoria Artimino, die zur Appellation Carmignano gehört. Nach dem Essen lohnt ein Ausflug zum Weingut Tenuta di Capezzana in der Nähe, wo man ausgezeichnete Weine probieren und kaufen und auch Ferienwohnungen mieten kann.

Das Restaurant »Da Delfina« verläßt man nicht nur angenehm gesättigt, sondern auch reich an neuen Erkenntnissen. Man lernt, wie wenig für gute Küche nötig ist, wenn man sich darauf versteht, die richtigen Produkte einzukaufen, daß Zitronenschale ruhig Vanille ersetzen kann, wie aus Artischockenstielen ein wohlschmeckendes Gemüse wird und was sich alles aus Schwarzkohl bereiten läßt. Die dunkelgrünen, tatsächlich fast schwarzen, kräftigen

Kohlstauden mit den langen Blättern sieht man im Winter überall in den Gärten. Sie verleihen der Ribollita, der deftigen, winterlichen Gemüsesuppe, erst ihren charakteristischen Geschmack. Genau gegenüber von »Da Delfina« liegt, quer auf einen Bergkamm ausgestreckt die Villa dei Centi Camini, das kaminreich Jagdschloß der Medici, in dessen Wirtschaftsgebäuden ein angenehmes, ruhiges Hotel untergebracht ist.

GENOVA
SAVONA
LA SPEZIA
LIVORNO
PISA
LUCCA
MASSA
CARRARA
Golfo di Génova
Riviera di Ponente
Riviera di Levante
Varazze
Celle Ligure
Albisola Marina
Cogoleto
Arenzano
Nervi
Camogli
Portofino
S. Margherita
Rapallo
Recco
Chiavari
Lavagna
Sestri Levante
Deiva Marina
Bonassola
Lévanto
Portovénere
Palmária
Lérici
Marina di Carrara
Marina di Massa
Forte dei Marmi
Pietrasanta
Camaiore
Viaréggio
Marina di Pisa
Tirrénia
Calambrone
Gorgona
Castiglioncello
Rosign. Solvay
Vada
Forte di Bibbona
S. Vincenzo
Populónia
Piombino
Capráia
Elba
Marciana
Marciana Marina
Portoferráio
Procchio
Marina di Campo
Porto Azzurro
Capolíveri
P. dei Ripalti
Chiessi
Cavo
Palmaiola
Albenga
Gallinara
Alássio
Laiguéglia
Capo Mele
Marina di Andora
S. Bartolomeo a. M.
Diano Marina
Capo Berta
Loano
Finale Ligure
Noli
Spotorno
Capo di Noli
Vado
Cáiro Montenotte
Millesimo
Ceva
Garéssio
Calizzano
Pontrémoli
Aulla
Villafranca in Lunig.
Fosdinovo
Seravezza
Viareggio
Bedónia
Borgo Val di Taro
Berceto
Corníglio
Castelnovo n' M.
Mailand
Genua
Florenz
Rom
Neapel
ITALIEN
Camping
Landschaft
schön
großartig
schöne Strecke
Aussicht
Kultur
interessant
großartig
Kirche
Kloster
Moschee
Schloß, Burg
Ruine
Stadtmauer
Museum
malerisches Stadtbild
Autobahn
in Bau,
geplant
Fernverkehr
übrige Straßen
in Bau
geplant
Autoverladung
Maßstab 1: 1.500.000

BOLOGNA
Imola
Lugo
Faenza
Forlì
RAVENNA
Cervia
Cesenatico
CESENA
RÌMINI
Riccione
S. MARINO
PÉSARO
Fano
Urbino
Fossombrone
Pérgola
Cagli
Fabriano
Gubbio
Gualdo Tadino
Camerino
Foligno
Assisi
PERUGIA
Spoleto
TERNI
Narni
Rieti
Todi
Orvieto
Città della Pieve
Chiusi
Montepulciano
Cortona
AREZZO
Città di Castello
Sansepolcro
Bibbiena
Poppi
Firenzuola
PISTOIA
PRATO
FIRENZE
Empoli
S. Miniato
Castelfiorentino
Certaldo
Poggibonsi
S. Gimignano
Colle di Val d'Elsa
Monteriggioni
SIENA
Montalcino
Grosseto
Orbetello
Porto S. Stefano
M. Argentario
Porto Ercole
Giglio Porto
Giannutri
Talamone
Capalbio
Manciano
Pitigliano
Sorano
Bolsena
Montefiascone
Viterbo
Tuscania
Tarquinia
Civitavècchia
Tolfa
Bracciano
Cerveteri
Ladíspoli
Fregene
Fiumicino
CITTÀ D. VATICANO
ROMA
Tivoli
Guidonia
Monterotondo
Mentana
Subiaco
Palestrina
Civita Castellana
Nepi
Sutri
Caprarola
Vignanello
Soriano
Amélia
Acquaparta
Massa Martana
Montefalco
Trevi
Bevagna
Spello
Marsciano
Umbèrtide
Castiglione d. L.
Magione
Passignano
Castiglion Fior.
Sinalunga
Torrita di Siena
Pienza
Abbadia S. Salvatore
Radicófani
Arcidosso
Scansano
Massa Marittima
Roccastrada
Castelnuovo
Pontassieve
Fiesole
Borgo S. Lorenzo
Vicchio
Dicomano
Greve
Figline Valdarno
S. Giovanni Vald.
Montevarchi
Pratovecchio
Bagno di Romagna
Sàrsina
Mercato Saraceno
Novafeltria
Sant' Arcàngelo di Rom.
Savignano
Forlimpópoli
Bertinoro
Meldola
Brisighella
Castel S. Pietro
Medicina
Budrio
Minérbio
Molinella
Argenta
Bagnacavallo
Alfonsine
Conselice
Russi
Mondolfo
Montécchio
Calcinelli
Norcia
Cascia
Leonessa
Visso
Matelica
S. Severino Marche
Sassoferrato
Arcévia
Lido d. Estensi
Marina Romea
Marina di Ravenna
Gatteo a Mare
Bellaria
Igea Marina
Viserba a. Mare
Miramare
Gabicce Mare
Marina di Grosseto
Castiglione della Pescaia
Porto Clementino
S. Marinella
C. Linaro
Castel di Guido

RESTAURANTS UND GESCHÄFTE, DIE IM BUCH ERWÄHNT ODER VORGESTELLT SIND:

Badia a Coltibuono
53013 Gaiole,
Tel: 05 77/74 94 24.
Geschlossen: Mo.

Cibreo, Alimentari
Via del Verrocchio 4r,
Tel: 0 55/2 34 11 00

Cibreo, Ristorante
Via del Macci 118r,
50122 Florenz,
Tel: 0 55/67 73 94;
Fax: 0 55/24 49 66

Confiserie Roberto Catinari
Via Provinciale 378,
51031 Agliana,
Tel: 05 74/71 85 06

Due Cippi
Piazza V. Veneto 26/A,
58050 Saturnia,
Tel: 05 64/60 10 74;
Fax: 05 64/60 12 07.
Geschlossen: Di.

Destilleria Nannoni
Paganico (Grosseto),
Tel: 05 64/90 52 04

Da Delfina
Artimino,
50042 Carmignano,
Tel: 0 55/8 71 80 74;
Fax: 0 55/8 71 81 75.
Geschlossen:
Mo abends, Di.

Enoteca Bonatti
Via V. Gioberti 66,
50121 Florenz,
Tel: 0 55/67 20 50

Enoteca Pinchiorri
Via Ghibellina 87,
50122 Florenz,
Tel: 0 55/24 27 77;
Fax: 0 55/24 49 83.
Geschlossen: So, Mo mittags.

Frateria di padre Eligio
Convento di S. Francesco,
53040 Cetona,
Tel: 05 78/23 80 15.
Geschlossen: Di.

La Chiusa
Via della Madonnina 88,
53040 Montefollonico,
Tel: 05 77/66 96 68;
Fax: 05 77/66 95 93.
Geschlossen: Im Juli mittags.

La Diva
Via Gracciano nel Corte 92,
53045 Montepulciano,
Tel: 05 78/75 79 51.
Geschlossen: Di.

La Mora
Via Sesto di Moriano 1748,
55029 Ponte a Moriano,
Tel und Fax: 05 83/40 64 02.
Geschlossen: Mi abends, Do.

Macelleria Falorni
50022 Greve,

Montagliari, 5020 Panzano,
Tel: 0 55/85 21 84.
Geschlossen: Mo.

Romano, Via Mazzini 122,
55049 Viareggio,
Tel: 05 84/3 13 82.
Geschlossen: Mo.

Salumificio Marini
Via A. Selva 313,
51100 Ferruccia (Pistoia),
Tel: 05 74/71 81 19

Sergio, Lungarno Pacinotti 1,
56123 Pisa, Tel: 0 50/4 82 45;
Fax: 0 50/85 03 34.
Geschlossen: So, Mo mittags.

Solferino, San Macario
in Piano, 55056 Ponte San Pietro,
Tel: 05 83/5 91 18.
Geschlossen: Mi, Do mittags.

Taverna di Moranda
Via di Mezzo 17, Monticchiello,
53026 Pienza,
Tel: 05 78/75 50 50.
Geschlossen: Mo.

Terme di Saturnia
58050 Saturnia,
Tel: 05 64/60 10 61;
Fax: 05 64/60 12 66

tricaffé, Via Provinciale 376,
51031 Agliana,
Tel: 05 74/71 82 58;
Fax: 05 74/75 11 89

WO ES UNS AUCH GEFALLEN HAT:

MONTECATINI

Ristorante **Pier Angelo**
Via 4. Novembre 99,
51016 Montecatini Terme,
Tel: 05 72/77 15 52.
Geschlossen: Di.
Pier Angelo Barontini hat seine ganz persönliche, neue italienische Küche entwickelt und kommt damit zu höchst genüßlichen Ergebnissen. Zusammen mit seiner englischen Frau Roxana Edwards führt er das nicht nur eleganteste, sondern auch beste Restaurant der Gegend. Daß er in der Welt herumgekommen ist und seine Nase in fremde Kochtöpfe gesteckt hat, merkt man seinen Gerichten an. Seine Vorstellung einer modernen Küche greift die Grundlagen der klassischen toskanischen Rezepte auf, befreit sie aber von überflüssigem Ballast, mixt sie mit neuen Ideen und bringt dann mit Sorgfalt, Präzision und erstklassigen Produkten fabelhafte Gerichte auf den Teller.

Enoteca Giovanni
Via Garibaldi 25–27,
51016 Montecatini Terme,
Tel: 05 72/7 16 95.
Geschlossen: Mo.
Gleich hinter der Kirche an der Piazza del populo (eine abscheuliche Architektenverirrung aus den siebziger Jahren) ein schicker Laden; die Wände schimmern von puderfarbenem seidenglattem Stuck, der Boden glänzt von weißem Marmor, edle Wäsche, anständige Gläser. Der Service ist liebenswürdig, die Weine groß, das Essen unterschiedlich: Die paste sind meist herrlich, bei den Hauptgerichten finden sich oft dicke, sahnige Saucen, die hier als eine vermeintliche cucina nuova in Mode gekommen sind. Gleich nebenan, in der **Cucina Giovanni**, dem einfachen Weinlokal, kann man nach Lust und Laune – auch das ist neu für die Italiener! – zechen und bekommt zum guten Tropfen herzhafte Kleinigkeiten aufgetischt.

PISTOIA

Ristorante **Rafanelli**
Via S. Agostino 47,
51100 Pistoia,
Tel: 05 73/53 20 46.
Geschlossen: So abends und Mo.
Das kleine Dorfwirtshaus liegt weit vor den Toren der Stadt. Früher eine beschauliche Idylle, heute jedoch Industriegebiet. Eine Trattoria, wie man sie sich wünscht: Wo der Manager ebenso seinen Geschäftsfreund bewirtet, wie sich der Straßenkehrer nach getaner Arbeit stärkt. Sinnbild der italienischen, geradezu demokratischen Einstellung zum Genuß, zum Leben und zur Gastlichkeit. Das Essen: ehrlich, anständig, einfach, gut.

Ristorante **Il Terzo Cerchio**
Viale Italia 87/89,
51100 Pistoia,
Tel: 05 73/3 39 61.
Geschlossen: Mi.
Eine bei den Pistoiesern beliebte Trattoria, vor allem wegen ihrer unglaublich großen Auswahl an Spaghetti und anderen Nudeln (30 verschiedene Zubereitungen). Ein schlichtes, völlig unspektakuläres »Bistro«, aber in seiner Geradheit einfach wunderbar:
Die ganze Familie arbeitet mit.

Hotel **Il Convento**
51030 Santomato,
Tel: 05 73/45 26 51.
Nur vier Kilometer von Pistoia entfernt. Eine erstaunliche Anlage. Ursprünglich ein Kloster, lange schon säkularisiert, seit fast zwanzig Jahren Restaurant und Hotel. Mit 24 einfachen, kleinen Zimmern, die nun nach und nach renoviert werden.

PRATO UND UMGEBUNG

Ristorante **Il Piraña,** Via Tobia Bertini/Ecke Via Valentini,
50047 Prato,
Tel: 05 74/2 57 46.
Geschlossen Sa und So.

Das klassisch-elegante Restaurant gehört einem Triumvirat, das sich die Arbeit höchst sinnvoll aufgeteilt hat: Dino Gianinni, der Direktor, Gian Lucca Santini, der Küchenchef, und Giuseppe Sani, einer der größten und wichtigsten Fischhändler des gesamten Landes. Frischeren, besseren, großartigeren Fisch wird man wohl nirgends bekommen. Service und Beratung sind vorbildlich. Man kann sich freilich auch in der gekühlten Auslage aussuchen, worauf man Lust hat, und durch eine Glaswand verfolgen, was in der Küche daraus entsteht. Die Fische werden am liebsten so natürlich wie nur möglich zubereitet: unter Folie im Ofen, in der Salzkruste, auf Gemüse im Dampf. Krustentiere legt man auch mal zum Grillen über Holzkohle, Schnittfläche gottlob nach oben, damit der Saft erhalten bleibt.

Ovidio
Via Roma 83, 51031 Agliana,
Tel: 05 74/71 80 65.
Eine schlichte Trattoria, in der die ganze Familie sich um das Wohl der Gäste kümmert. Die Frauen in der Küche, der Papa eher im Saal. Hier gibt es natürlich die fabelhaften Würste und Schinken von der berühmten Salumi ficio Marini als Antipasti und zum Dessert den herrlichen Espresso der Geschwister Trinci.

Antica Trattoria Sanesi, Via Arione 33, 50055 Lastra a Signa, Tel: 0 55/8 72 02 34. Geschlossen: So abends und Mo. Ein Familienbetrieb klassischer Prägung; zur Mittagszeit laut und betriebsam. Wer nicht reserviert hat, muß an der Bar warten. Große Portionen deftiger Küche; wer hier nicht satt wird, ist selber schuld.

APENIN

Ristorante **Da Pierone**
Via Brennero,
51021 Abetone (Pistoia),
Tel: 05 73/6 00 68. Geschl.:Do.
Hier bekommt man herrliche crostini: auf gerösteten Brotscheiben eine zarte Lebercreme und hauchdünn geschnittene, mit Zitronensaft, Öl, Pfeffer und Petersilie angemachte Steinpilze oder Champignons – so appetitanregend und köstlich, daß man sich daran satt essen könnte. Sollte man aber nicht, denn die paste und Hauptgerichte stehen in nichts nach – die Küche hält, was das Embonpoint des Wirts verspricht.

Trattoria **Da Fagiolino**
51024 Cutigliano,
Tel: 05 73/6 80 14.
Geschlossen Di abends und Mi.
»Zum Bohnenkern« ist ein besonders hübscher Name für ein Gasthaus. Gleich beim Eingang, in der dunklen Stube, sitzen die Ortsansässigen bei ihrem Wein, dahinter ein heller Speiseraum mit Panoramafenstern und bunten Gemälden an der Wand; der Kellner bringt sofort einen fiasco mit Rotwein und einen großen Krug mit Quellwasser. Die einzige »Karte« des Hauses ist ein kariertes Blatt, aus einem Schulheft gerissen, in einer Plastikhülle, damit sie länger hält. Aber man braucht sie nicht, der Kellner zählt auf, was es zu essen gibt: ein oder zwei Risotti, vier oder fünf Nudelgerichte, natürlich aus hausgemachten Nudeln und mit Saucen, in denen Pilze aus den Wäldern der Umgebung eine hervorragende Rolle spielen.

WESTLICHE TOSKANA

Il Vignaccio
Piazza della chiesa 5,
55041 Santa Lucia, Camaiore,
Tel: 05 84/91 42 00.
Mitten in den kleinen Ort auf einem Hügel oberhalb von Camaiore ist diese kleine Trattoria einen Ausflug wert. Wunderbare paste, die tagliattelle sind sogar hausgemacht; Spezialität sind knusprige Spanferkel.

Hotel **Quattro Gigli**
Piazza S. Michele 2,
56020 Montópoli,
Tel: 05 71/46 69 40.

Geschlossen So abends und Mo.
Montópoli, ein hübsches Städtchen. Nicht aufregend, aber mit einem durchaus lebendigen Stadtkern der Renaissance. Das einzige Hotel-Restaurant am Platz ist sehr bescheiden und einfach. Aber mit (für Italien ausnahmsweise) wirklich ruhigen Zimmern mit kleinem Bad und Balkon, die einen zauberhaften Ausblick auf die Pisaner Berge bieten, der für alle Schlichtheit entschädigt (Zimmer Nr. 23, 24 und 32, noch simpler 25 und 33). Im Haus und Restaurant eine eindrucksvolle Sammlung von speziellen Terrakotten, die seit dem 15. Jahrhundert für Montópoli typisch sind und heute noch von zwei Künstlern produziert werden. Hier zu essen empfiehlt sich, nach Voranmeldung, nur am Wochenende, wenn alle Braten frisch gemacht werden – im Laufe der Woche werden die Reste in Sauce aufgewärmt. Die Risotti und Paste, vor allem die Rusticci all'etrusca, Zupfnudeln aus Vollkornteig mit einem schwarzen Sugo aus Champignons, Oliven, Zwiebeln, Kräutern und Pinienkernen, können sich sehen lassen; fragen Sie aber, was es gibt, denn die viersprachige Speisekarte verschweigt saisonale Spezialitäten.

Ristorante **Venanzio**
Piazza Palestro 3,
54033 Colonnata,
Tel: 05 85/7 36 17.
Geschlossen: So abends und Do.
Direkt an der Piazza, ein kleines, modernes Restaurant. Hier sitzt man hübsch, wird liebenswürdig bedient und vom Besitzerehepaar Lena und Venanzio Guadagni vorzüglich bekocht. Hier gibt es auch den wundervollen Lardo collonatese, den in Marmorwannen in Salz und Kräutern roh gebeizten Bauchspeck, für den Collonata berühmt ist.

Gambero Rosso
Piazza della Vittoria 13,
57027 San Vincenzo,
Tel: 05 65/70 10 21.
Eines der besten Restaurants Italiens, hochelegant und luxuriös, von internationalem Format.

Da Badò
Borgo San Lorenzo 9,
56048 Volterra,
Tel: 05 88/8 64 77.
Geschlossen Mi mittags.
Eine kleine Trattoria mit Bar, die mittags deftige, aber köstliche toskanische Spezialitäten bietet. Am liebsten solche, die besonders gut im großen Topf zubereitet schmekken, zum Beispiel Tripa alla fiorentina oder Coniglio in humido.

Lo Sgerro
Borgo San Giusto,
56048 Volterra,
Tel: 05 88/8 64 73.
Geschlossen: Mo.
Das Stammlokal der Steinmetze Volterras und Treffpunkt der Jäger. Sehr schlicht und einfach.

La Mescita, eine winzige Trattoria unmittelbar am Marktplatz von Pisa gelegen, wo man sich zusammen mit den Marktverkäufern stärken kann.

FLORENZ

Cammillo
Borgo Sant'Jacopo 57r,
50125 Florenz,
Tel.: 0 55/21 24 27.
Geschlossen Mi und Do.
Eine Lieblingskneipe der Florentiner. Zu den Essenszeiten stehen die Hungrigen bis auf die Straße, um einen Tisch zu ergattern. Hier ißt man Bollito misto, wie er sich gehört, aus dem Topf, in dem die Stücke in ihrer Brühe schwimmen. Es ist laut, betriebsam, lustig und das Essen immer hochanständig.

La Loggia
Piazzale Michelangelo 1,
50125 Florenz,
Tel: 0 55/ 2 34 28 32.
Geschlossen: Mi.
Man kann hier erstklassig essen, allerdings nur in italienischer Begleitung – Touristen werden oft allzu rasch abgefertigt.

Il Latini
Via Palchetti 6r, 50124 Firenze,
Tel: 0 55/2 38 15 69.
Geschl.: Di.
Schinken baumeln von der Decke, weidengeflochtene Stühle, karierte Tischtücher, immer viel los. Genauso muß eine Trattoria aussehen. Auch die Küche entspricht allen Erwartungen: einfach, aber gut!

SIENA

Le Logge
Via d. Porrione 33, 53100 Siena,
Tel: 05 77/4 80 13. Geschl.: So.
Der Wirt ist ein Original, der neben seinem Restaurant auch noch einen Weinberg umtreibt, außerdem Bücher schreibt, malt und photographiert. (Sein Kochbuch ist sogar auf deutsch erschienen. Bei Hugendubel.) Zu Essen gibt's solide Hausmannskost; es drängeln sich hier vor allem junge Leute.

La Torre
Via Salicotto 79,
53100 Siena,
Tel: 05 77/28 75 48.
Nach der Stadtbesichtigung oder Turmbesteigung stärkt man sich hier im sicher schlichtesten, dafür (nach Meinung von Giuseppe Sinopoli, dem löwenhäuptigen Dirigenten mit viel Sinn für gutes Essen) besten Restaurant der Stadt. Die Küche ist der Gastraum selbst, so hat man den genauen Überblick und kann zuschauen, wie die Nudeln gerollt und geschnitten, die Ravioli gefüllt werden. Das Angebot ist einfach, aber von bester Güte.

CHIANTI CLASSICO

Pestello, Strada Poggibonsi,
53011 Castellina in Chianti,
Tel: 05 77/ 7 402 15.
Geschossen: Mi.
Obwohl es wie ein Touristenlokal aussieht, eine wahrhaftige, ländliche Trattoria mit solider, fabelhafter Hausfrauenküche, die rundum Spaß macht.

Il Poggio
Poggio San Polo, 53010 Lecchi bei Gaiole in Chianti;
Tel: 05 77/74 61 20.
Die sympathische Familie Catinari, die früher das Ristorante Badia a Coltibuono geführt hat, ist nunmehr umgezogen. Ihre fabelhafte toskanische Hausfrauenküche ist gottlob gleich gut geblieben.

La Pieve
Pievasciata, 53100 Siena,
Tel: 05 77/35 69 68. Geschl.:Di.
Ganz einfache Trattoria an der Straße zwischen Siena und Gaiole. Herrliche bistecche vom Holzkohlengrill und gute Pizza aus dem echten Pizzaofen.

LUCCA UND UMGEBUNG

Da Giulio
Via S. Tommaso 29, 5083 Lucca,
Tel: 05 83/ 5 59 48.
Die klassische Trattoria, bis zur Decke hoch mit Gemälden gepflastert, mehrere Räume, die sich hintereinanderschachteln. Zur Mittagszeit stets Hochbetrieb; wer nicht reserviert hat, muß warten – unter Umständen sogar vor der Tür. Mutige bestellen das Pferdefleisch; es gibt aber auch köstliche Kutteln (Tripa) oder Graupeneintopf (Zuppa di farro).

Taverna di Mario
Piazza Carrara,
55015 Montecarlo,
Tel: 05 83/2 25 88. Geschl.: Mo.
Herausragende Auswahl an Weinen am zentralen Platz des kleinen, niedlichen Ortes Montecarlo. 165 verschiedene Weine können Sie probieren, vom eigenen Produkt bis zu ausgewählten Kreszenzen der Toskana. An dem wunderschönen Bartresen, an kleinen Tischen in den hellen, einfach, aber geschmackvoll gestalteten Räumen oder auf der Terrasse draußen kann man zum Wein fünf bis sechs verschiedene Arten von Crostini, Wurst und Schinken, Roastbeef oder Schweinebraten, verschiedene Gemüse und ein paar Kuchen genießen.

WO MAN HÜBSCH WOHNEN KANN:

Castello di Spaltenna
53013 Gaiole in Chianti,
Tel.: 05 77/74 94 24.
Ein besonders angenehmes Hotel, von puristischer Schönheit und karger Ausstattung, mit einer auffallend liebevollen und sorgfältigen Küche. Eine alte Burg, mit großen, hohen Räumen, deren seidenglatte Stein fußböden im Sommer beruhigende Kühle vermitteln.

Castello di Volpaia
53017 Radda in Chianti,
Tel: 05 77/73 80 66;
Fax: 05 77/73 86 19.
Das bekannte Weingut vermietet Appartements, die ausreichend komfortabel sind und auch einer größeren Gruppe Platz für gemütliche Ferien bieten.

Il Cenobio auf Vignamaggio
50022 Greve in Chianti;
Tel: 0 55/85 35 59;
Fax: 0 55/8 54 44 68.
Wunderschön eingerichtete, höchst komfortable und angenehme Appartements bei einem der schönsten und prachtvollsten Weingüter im Herzen des Chianti. Hervorragender Ausgangspunkt für Ausflüge in alle Richtungen.

Albergo **Lo Scoiattolo**
55030 Passo di Carpinelli (LU),
Tel: 05 83/61 10 71.
Ein Landhotel mit absoluter Ruhe. Kein atemberaubender Luxus, aber 25 bequeme Zimmer, die nötigen Räumlichkeiten und eine ordentliche Küche.

Hotel **Paggeria Medicea,**
50040 Artimino,
Tel: 0 55/8 71 80 81,
Fax: 0 55/8 71 80 80.
Wundervoller Blick, traumhaft ruhige Lage – hier werden gerne Tagungen abgehalten. Eines der besten Restaurants der Toskana liegt gegenüber: **La Delfina**.

Relais Borgo San Felice,
53019 Castelnuovo Berardenga,
Tel: 05 77/35 92 60;
Fax: 05 77/35 90 89. Luxuriöse Hotelanlage mit der Möglichkeit, Appartements mit jeglichem Komfort zu mieten. Relais & Château.

Residence Villa Catignano
S. Giovanni Cerreto,
53019 Castelnuovo Berardenga,
Tel: 05 77/ 35 67 35;
Buchungen über
Tel/Fax: 0577/28 20 64.
Nur acht Kilometer entfernt inmitten von Olivenhainen und Weinbergen eine klassische Villa mit sieben Ferienappartements unterschiedlicher Größe; natürlich längst nicht so komfortabel wie das elegante Relais **Borgo San Felice** in der Nähe, aber viel billiger. Jedoch ebenfalls ein hübscher Park und Schwimmbad.

Hotel **Villa di Corliano,** Rigoli,
56017 San Giuliano Terme,
Tel: 0 50/81 81 93.
Das Landhaus war einstmals elegant und prächtig. inzwischen hat der Zahn der Zeit beträchtlich daran genagt. Aber es macht Spaß, dort ein paar Tage zu wohnen, allein des skurrilen Conte wegen, Hausherr, Kofferträger, Portier und Hoteldirektor in Personalunion. Daß er allein in Pisa über beträchtlichen Hausbesitz verfügt, glaubt man ihm nicht, so perfekt spielt er den verarmten Adeligen. Der Komfort in den Zimmern ist bescheiden, dafür sind sie entzückend eingerichtet.

Villa Sangiovese
50020 Panzano,
Tel: 0 55/85 24 61;
Fax: 0 55/85 24 63.
Kleines hübsches Haus, direkt am Marktplatz des Örtchens Panzano gelegen, mit wunderschönem Blick ins Land, über Olivenhaine und Weinberge hinweg. Moderne, angenehme Zimmer.

EMPFEHLENSWERTE SPITZENWEINGÜTER:

Antinori, Piazza degli Antinori 3, 50198 Florenz, Tel: 0 55/29 82 98

Avignonesi
Via di Gracciano nel Corso 91, 53045 Montepulciano, Tel: 05 78/75 78 72

Badia a Coltibuono, 5313 Gaiole, Tel: 05 77/74 94 98

Banfi Erik
Piazza del Castello 7, 58050 Montemeriano (GR), Tel: 05 64/ 60 29 56 (Morellino di Scansano)

Berardenga Felsina
S.S. Chiantigiana 484, 53019 Castelnuovo Berardenga, Tel: 05 77/ 35 51 17

Boscarelli, 53045 Cervognano (Montepulciano), Tel: 05 78/76 72 77

Capanelle, 53013 Gaiole in Chianti, Tel: 05 77/74 96 91

Caparzo , Torrenieri, 53024 Montalcino, Tel: 05 77/84 83 90

Cappezzana,Contini Bonacossi, Sseano, 50040 Carmignano. Tel: 0 55/8 70 60 05

Carmignani, Cercatoia 7, 55015 Montecarlo, Tel: 05 83/2 23 81

Castagnoli
53011 Castellina in Chianti, Tel: 05 77/7 404 46

Castellare, 53011 Castellina in Chianti, Tel: 05 77/74 03 62

Castello di Ama
Ama in Chianti, 53010 Lecchi in Chianti, Tel: 05 77/74 60 31

Castello di Cacchiano,
53010 Monti, Tel: 05 77/74 70 18

Castello di Querceto, Via di Dudda 61, 50020 Lucolena, Tel: 0 55/85 69 79

Castello di Rampolla
Santa Lucca in Faulle , 50020 Panzano, Tel: 0 55/85 20 01

Castello di Volpaia
Piazza della Cisterna, Volpaia, 53017 Radda in Chianti, Tel: 05 77/73 80 66

Fattorie di Marchese di Frescobaldi, Via Santo Spirito 11, 50125 Florenz, Tel: 0 55/2 187 51

Fontodi, 50020 Panzano, Tel: 0 55/85 20 05; Fax: 0 55/85 06 31

Grattamacco,57022 Castagneto Carducci. Tel: 05 65/6 38 40

Il Greppo, Biondi Santi, 53024 Montalcino, Tel: 05 77/84 80 87

Isole e Olena, Via Olena 15, 50021 Barberino Val d'Elsa, Tel: 0 55/8 07 27 63

Michi, Via San Martino 34, 55015 Montecarlo, Tel: 05 83/2 20 11

Monte Vertine,
Sergio Manetti, 53017 Radda in Chianti, Tel: 05 77/73 80 09

Monsanto
50021 Barberino Val d'Elsa, Tel: 05 77/ 66 96 68

Rocca di Castagnoli,
53010 Castagnoli, Gaiole in Chianti, Tel: 05 77/73 10 04; Fax: 05 77/73 10 50

Selvapiana,
50065 Pontassieve, Tel: 0 55/8 30 48 48

Vignamaggio
50022 Greve in Chianti, Tel: 0 55/85 35 59; Fax: 055/8 54 44 68

Vecchie Terre di Montefili,
Via San Cresci 45, 50022 Greve in Chianti, Tel: 0 55/85 37 39

SACHWORTVERZEICHNIS

BIBLIOGRAPHIE

Folgende Bücher und Reiseführer waren uns bei unseren Reisen durch die Toskana nützlich – und mögen weitere Anregungen geben.

Andreas Beyer (Herausgeber): *Toskana – Ein literarisches Landschaftsbild,* Insel Taschenbuch 926, Frankfurt 1986

Catalogo dei Confezionatori del Chianti Classico Gallo Nero, Firenze 1988

Humbert Fink: *Eine Reise durch die Toskana, Umbrien und die Marken,* Süddeutscher Verlag, 2. Aufl., München 1985

Roland Günter: *Toskana, ein Reisebuch,* anabas, Gießen 1985

Hennig Christoph: *Toskana, ein Landschafts- und Erlebnisführer,* Oase Verlag, 2. Auflage, Badenweiler 1991/92

Guida Michelin Italia

Guida agli Alberghi d'Italia, Espresso

Guide Italien, der Reiseführer für Gourmets, Heyne, München

Hotels für Kenner und Liebhaber, Italien, Droemer Knaur, München 1990

La Guida d'Italia, Espresso

Le strade del Chianti Gallo Nero, Firenze 1986

Osterie d'Italia, Italiens schönste Gasthäuser, edition Spangenberg, München 1991

Helmut Romé: *Die großen Weine der Toskana,* Seewald, Stuttgart 1982

Luigi Veronelli: *Restaurants in Italien,* Kammerer & Unverzagt, Berlin

Luigi Veronelli: *Weine Italiens,* Kammerer & Unverzagt, Berlin 1990

Fulvio Reuter: *Der Chianti Classico, Das Land des Gallo Nero,* Vianello libri, Firenze 1987

BILDNACHWEIS

S. 15: M. Meuth; S. 16/17: M. Meuth; S. 20/21: M. Meuth; S. 25: M. Meuth; S. 26/27: M. Meuth; S. 31: M. Meuth; S. 32/33: M. Meuth; S. 34/35: M. Meuth; S. 41: M. Meuth; S. 42/43: M. Meuth, o. r.: U. Kerth; S. 47: M. Meuth; S. 48/49: M. Meuth; S. 51: U. Kerth; S. 52/53: U. Kerth; S. 56/57: M. Meuth; S. 59: M. Meuth; S. 60/61 o.: M. Meuth, u.: U. Kerth; S. 64/65: U. Kerth; S. 68/69: M. Meuth; S. 71: M. Meuth; S. 72/73: M. Meuth; S. 74/75 o.: M. Meuth, u.: U. Kerth; S. 80/81: M. Meuth; S. 82/83 o.: M. Meuth, u.: U. Kerth; S. 86/87: M. Meuth, o. l.: U. Kerth; S. 92/93: M. Meuth; S. 94/95: M. Meuth; S. 98/99: U. Kerth; S. 101: U. Kerth; S. 105: U. Kerth; S. 106/107: U. Kerth; S. 112/113: U. Kerth, o. l.: M. Meuth; S. 114/115: M. Meuth; S. 116/117: U. Kerth; S. 120/121: M. Meuth; S. 122/123: M. Meuth; S. 126/127: M. Meuth; S. 128/129: M. Meuth; S. 133: M. Meuth; S. 134/135: M. Meuth; S. 138/139: U. Kerth; S. 140/141: U. Kerth; S. 145: M. Meuth; S. 146/147: M. Meuth; S. 151: M. Meuth; S. 152/153 o.: U. Kerth, u.: M. Meuth; S. 157: M. Meuth; S. 158/159: M. Meuth; S. 160/161: M. Meuth; S. 166/167: M. Meuth; S. 168/169: M. Meuth; S. 173: M. Meuth; S. 174/175: M. Meuth, o. r. und u.: U. Kerth; S. 176/177: M. Meuth; S. 180/181 o.: M. Meuth, u.: U. Kerth; S. 182/183: M. Meuth; S. 187: M. Meuth; S. 188/189: M. Meuth, o. r.: U. Kerth; S. 190/191: U. Kerth, o. M. l. und o. r.: M. Meuth; S. 193: M. Meuth; S. 194/195: M. Meuth, o. M. r.: U. Kerth; S. 196/197: M. Meuth, o. r.: U. Kerth; S. 200/201: M. Meuth; S. 202/203: M. Meuth; S. 206/207: U. Kerth; S. 210/211: M. Meuth; S. 212/213: M. Meuth; S. 216/217 o.: U. Kerth, u.: M. Meuth; S. 218/219: U. Kerth; S. 221: M. Meuth; S. 222/223: M. Meuth; S. 224/225: M. Meuth; S. 228/229: U. Kerth, o. r.: M. Meuth; S. 230/231: U. Kerth; S. 233: U. Kerth; S. 234/235: U. Kerth; S. 240/241: M. Meuth; S. 242/243: M. Meuth; S. 244/245: M. Meuth; S. 251: M. Meuth; S. 252/253: M. Meuth; S. 254/255: M. Meuth; S. 256/257: M. Meuth; S. 260/261: M. Meuth; S. 265: M. Meuth; S. 266/267: M. Meuth.